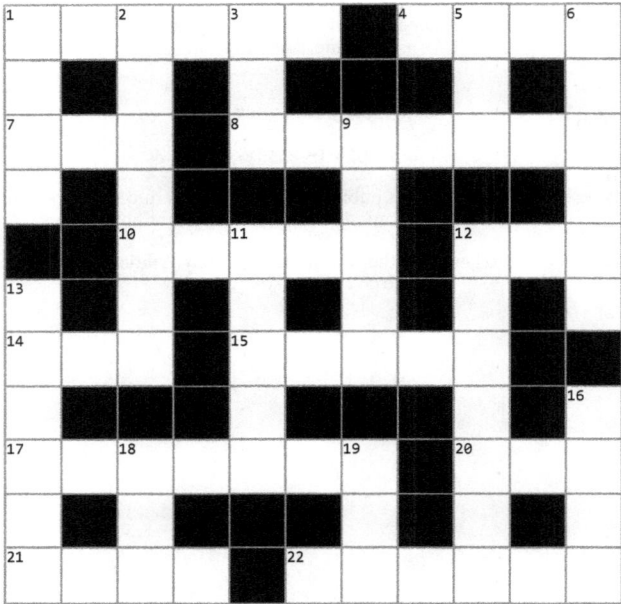

Across

1. icecream; icy
4. lion
7. boom
8. nuclear
10. actor
12. lady
14. ode
15. united
17. float
20. gone
21. infant
22. homeland

Down

1. bean
2. lamp; torch
3. (they) give
5. axis
6. normal; mainstream
9. corny
11. trick; ruse
12. to associate
13. volcano
16. hello; hi
18. rum
19. handle

No. 2

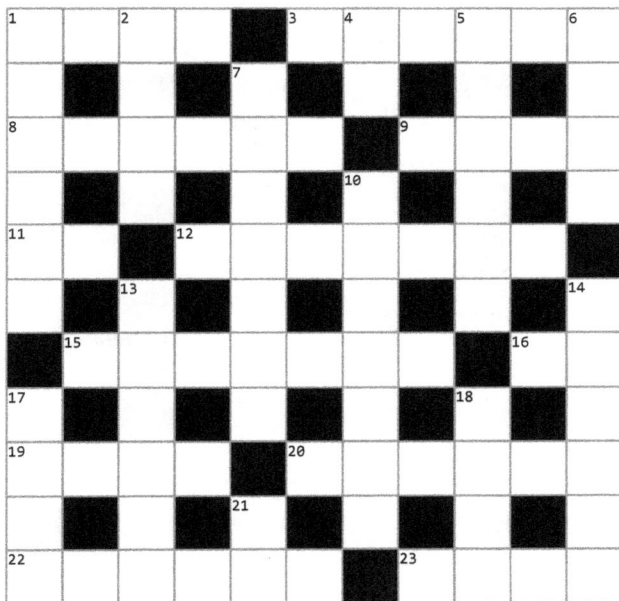

Across

1. *(he)* knew
3. yearning
8. *(I was)* pulling
9. arrest
11. nor
12. abstract; highlights
15. to value
16. alas
19. slime
20. valet
22. crown
23. pose

Down

1. basement; cellar
2. pyre
4. not; no
5. examination
6. oboe
7. grandfathers
10. scarf
13. to soothe
14. hearing; listener
17. pad
18. leisure
21. an

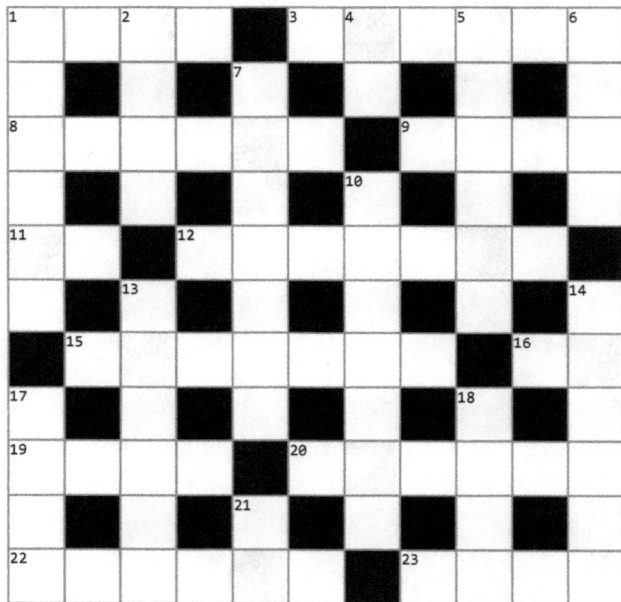

Across

1. healthy
3. to travel; to journey
8. (I) arrived
9. racy
11. (I) heard
12. to perish
15. banana
16. my
19. soy
20. price
22. to serve
23. telly

Down

1. seals
2. nut; walnut
4. to go
5. judges
6. dash; streak
7. raise
10. veal
13. to host
14. moustache
17. those
18. scathing
21. (I) saw

No. 4

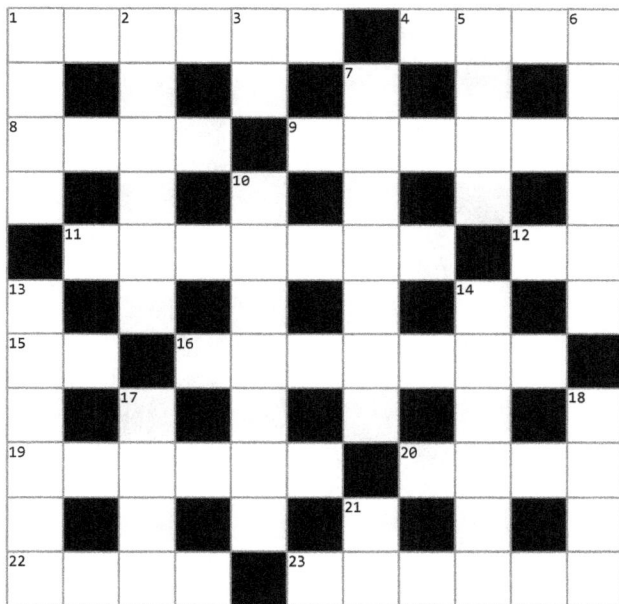

Across

1. painter
4. straw
8. fist; cuff
9. to ford
11. *(they will)* believe
12. me; myself
15. *(he)* goes
16. *(they will)* eat
19. crime
20. *(they)* love
22. real; royal
23. to duel

Down

1. pope
2. minder; nanny
3. you
5. toilet
6. to engage; to attract
7. corpse; carcass
10. cutting
13. to evade; to dodge
14. marble
17. pot
18. to unite
21. his; her

No. 5

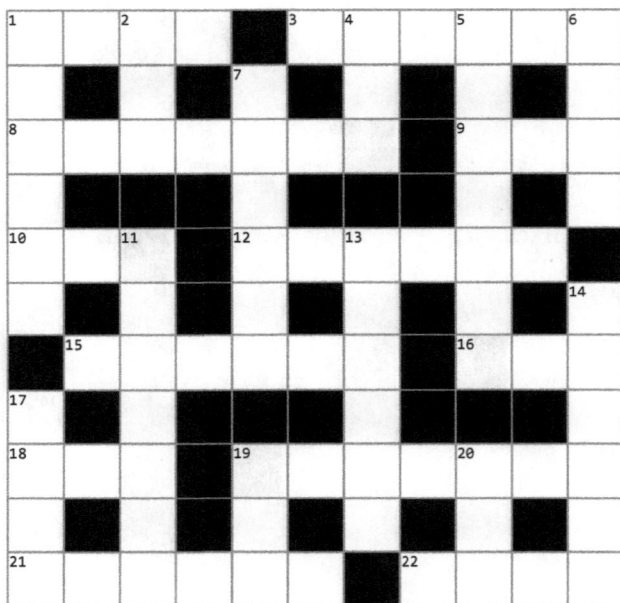

Across
1. chef
3. shirt; mantle
8. plumber
9. pathway
10. hassle
12. event
15. to suffer
16. *(he)* laughs
18. encore
19. to debate; to confer
21. supports
22. to use

Down
1. dome
2. echo
4. garlic
5. to invite
6. to love
7. to fight
11. opposite; opposed
13. *(I was)* missing
14. to close; to shut
17. play
19. duet; duo
20. cough

No. 6

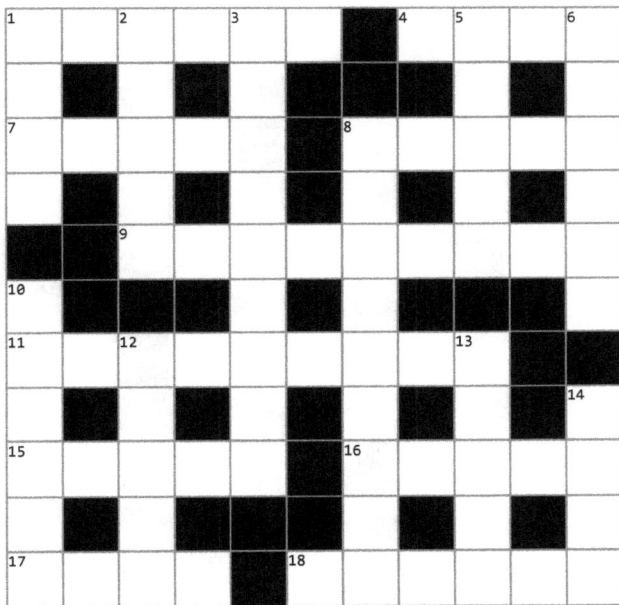

Across

1. baton
4. eyebrow
7. sauce; gravy
8. endowments
9. *(he)* replaces
11. conquest
15. *(I was)* drinking
16. total; overall
17. soda
18. cool; fresh

Down

1. basis; base
2. to log
3. mischief; prank
5. *(he)* enters
6. to isolate
8. to deposit
10. *(you/tú)* finish
12. clouds
13. acts
14. elf

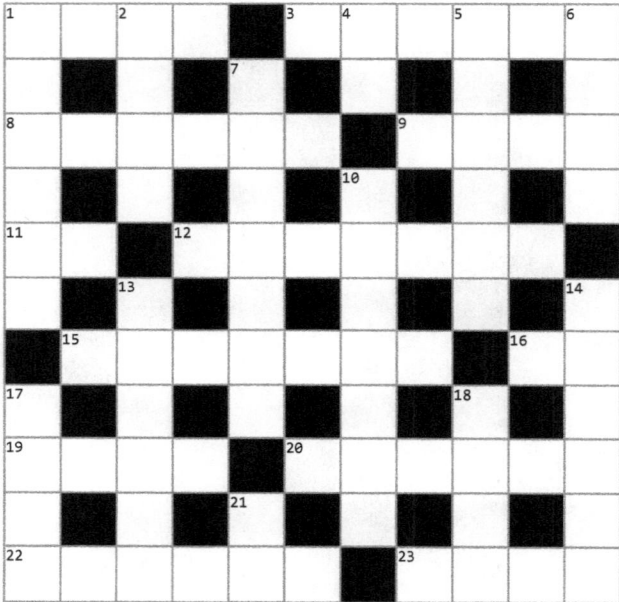

Across

1. hiccups
3. bartender
8. to burden
9. clever; agile
11. from
12. rattle
15. monitor
16. faith
19. toad
20. measure; measurement
22. to abolish
23. casualty

Down

1. liver
2. to peep
4. ace
5. magical
6. void
7. canary
10. blunders
13. (I) buy
14. hangover
17. asthma
18. stack; heap
21. if

No. 8

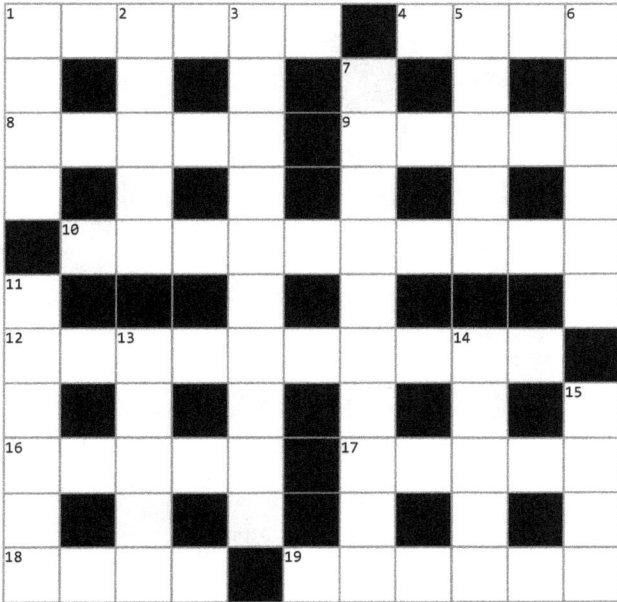

Across
1. to swallow
4. beside
8. plough
9. night
10. socialist
12. announcer
16. *(he)* helped
17. these
18. parlor
19. *(I was)* touching

Down
1. aunts
2. alan
3. association
5. chests
6. to loft
7. illiterate
11. *(you were)* falling
13. usual
14. oyster
15. shaft

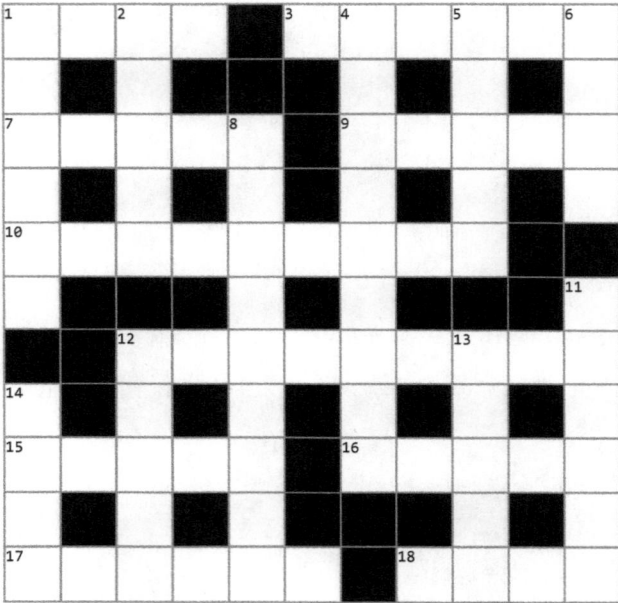

Across

1. steal; theft
3. shadow; shade
7. sorcerer
9. *(he)* saves
10. tragedies
12. spring
15. wrench
16. hopefully
17. margin
18. chaos

Down

1. bounce
2. witch; hag
4. obstinate
5. bowling
6. to roast; to grill
8. obedient
11. *(you/vosotros)* do
12. to stop; to arrest
13. stage
14. item

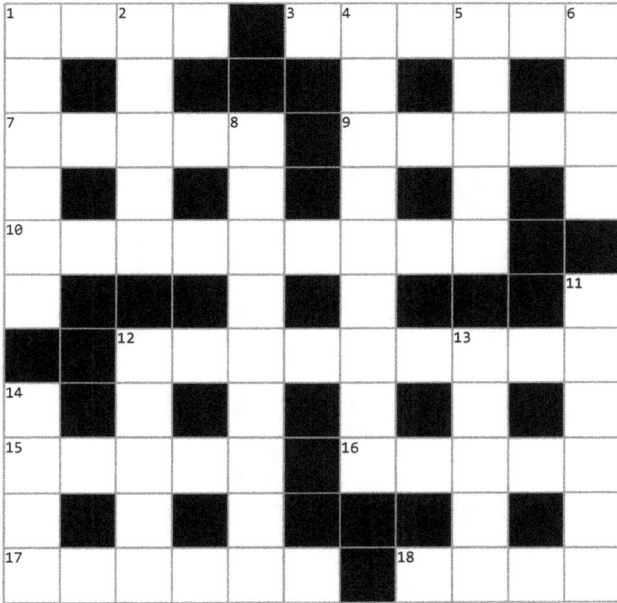

Across

1. *(I)* feared
3. *(you will)* say
7. *(they)* put
9. screenplay
10. crescendo
12. to suspect
15. cant; slang
16. west
17. father-in-law
18. cat; jack

Down

1. typical
2. monk
4. engineer
5. success
6. bosom
8. to need
11. thunder
12. *(he)* follows
13. until; till
14. waltz

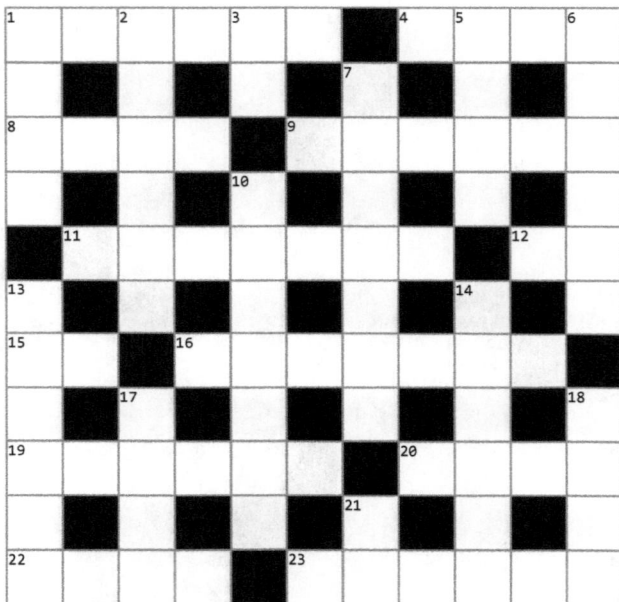

Across

1. kosher
4. cover
8. lake
9. code
11. fashionable (1,2,4)
12. yourself; tee
15. (I) gave
16. flock
19. to reign
20. headlight
22. root
23. clown

Down

1. kilo
2. stealth
3. the
5. indigo
6. loves
7. sordid
10. to soak
13. to adore
14. customs
17. (I) lived
18. choir; chorus; ca
21. already

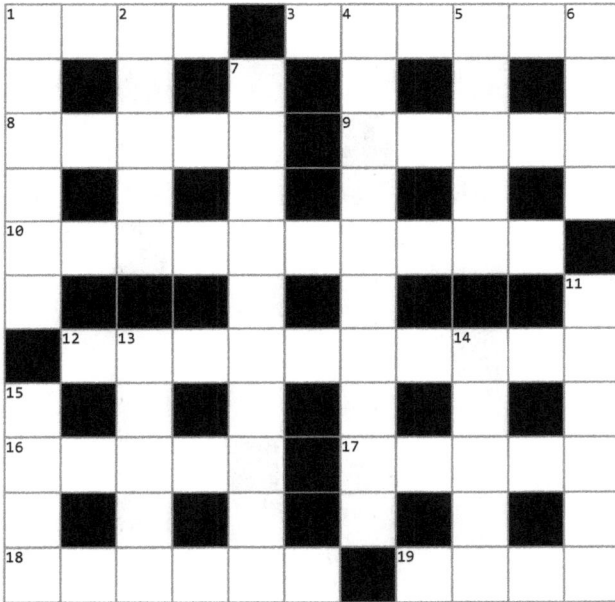

Across

1. ford
3. week
8. cello
9. *(I)* closed
10. *(we)* appeared
12. cliff
16. *(you/tú)* pull
17. bore
18. *(we)* read
19. mold

Down

1. to empty
2. diet
4. *(you will)* write
5. sour
6. amen
7. modernism
11. freshman; novice
13. meat; flesh
14. asylum
15. useful

No. 13

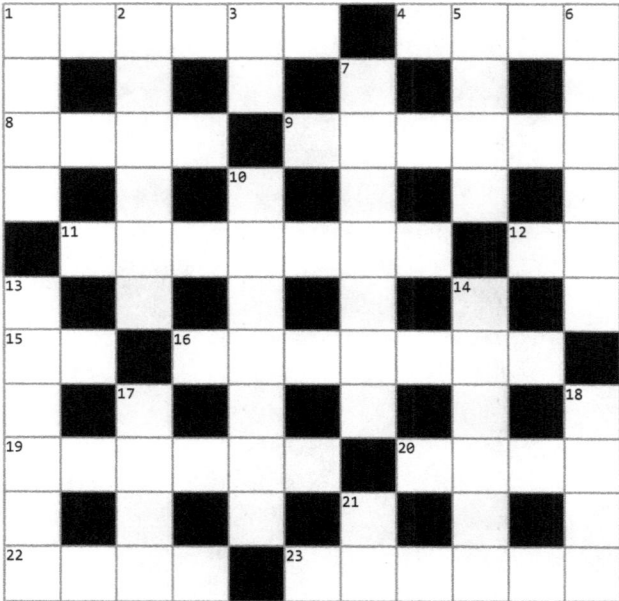

Across

1. basement; cellar
4. quack
8. lure
9. tan; bronze
11. acted
12. *(he)* sees
15. herself; yourselves
16. freezes
19. tooth
20. lute
22. dash; streak
23. inn

Down

1. tails
2. tobacco
3. nor
5. urn
6. to grow
7. gradual
10. raise
13. spit
14. stop; save
17. racy
18. idea
21. I

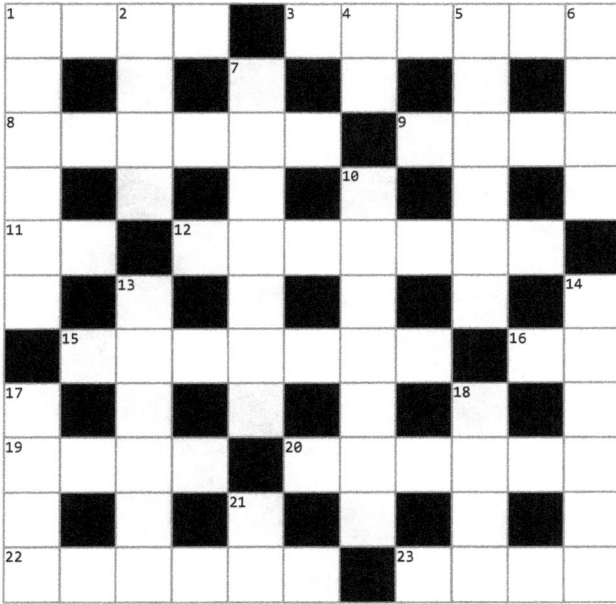

Across

1. *(I will)* hear
3. to ford
8. *(you/vosotros)* pray
9. *(you/vosotros)* go
11. cue
12. galaxy
15. shriek
16. not; no
19. lay
20. matinee
22. leg
23. reap

Down

1. *(he)* offers
2. highlight; curl
4. alas
5. to evade; to dodge
6. satin
7. blackboard; slate
10. to brown
13. merry; joyful
14. *(you/vosotros)* eat
17. flap
18. bike
21. an

No. 15

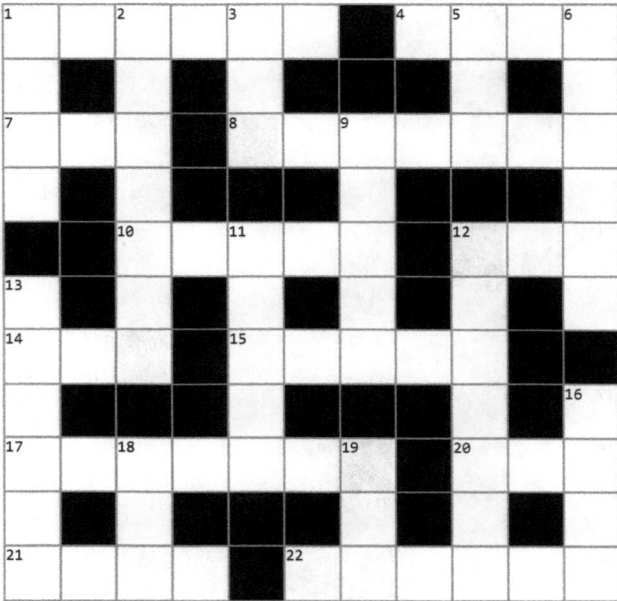

Across

1. *(he will)* have
4. slime
7. rum
8. ominous
10. used
12. axis
14. garlic
15. scourge
17. *(I was)* preventing
20. gene
21. china
22. drove; herd

Down

1. list
2. neither
3. *(he)* laughed
5. gone
6. to oppose
9. icon
11. coffin
12. energy
13. facial
16. wave
18. peace
19. lady

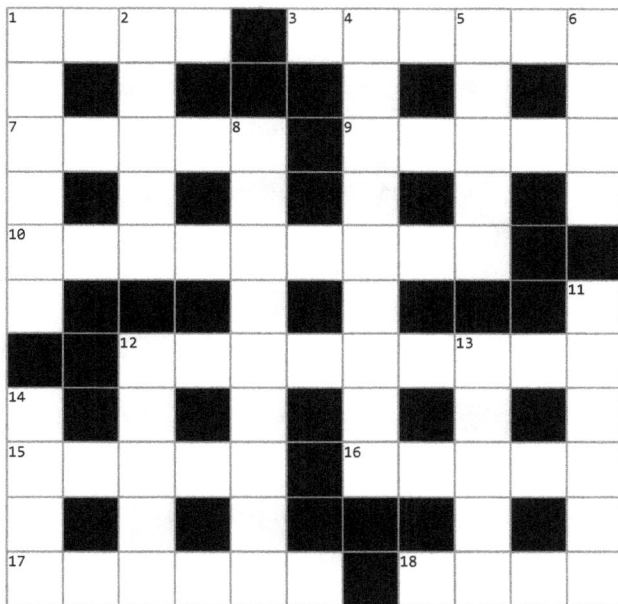

Across

1. ruby
3. *(they were)* knowing
7. fall
9. *(he)* cried
10. contempt; scorn
12. brew
15. color
16. native
17. *(I will)* miss
18. fringe

Down

1. errand
2. zips
4. affliction
5. idol
6. neon
8. to drag
11. towel
12. to hurt; to ache
13. altar
14. scathing

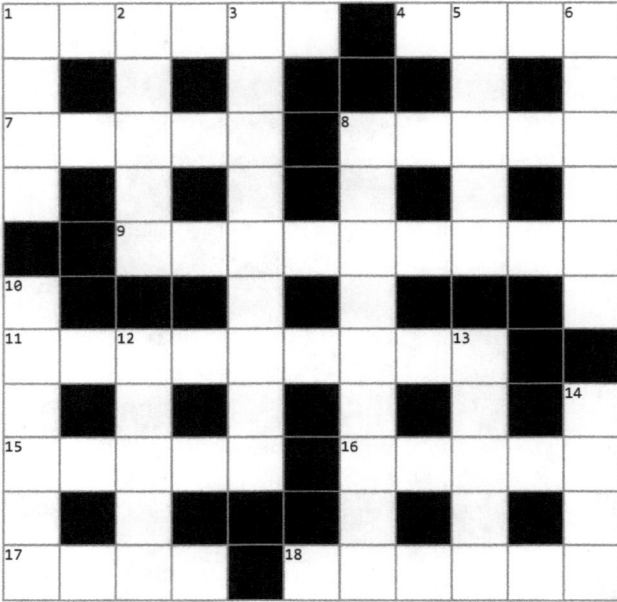

Across
1. condolences
4. blue
7. corset
8. singing
9. sociopath
11. mobility
15. less; fewer
16. black
17. soda
18. stuffy; brisk

Down
1. pick; peak
2. beings
3. Wednesday
5. ditch
6. to cry; to weep; to wail
8. to coordinate
10. *(we)* love
12. wines
13. worthy; dignified
14. snot

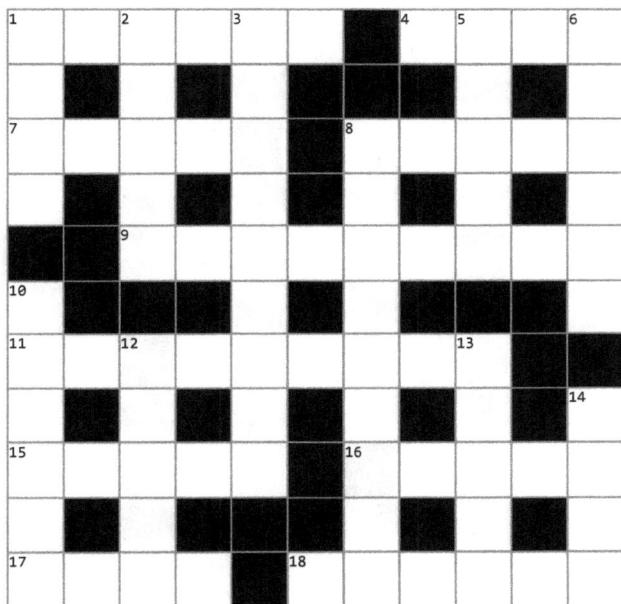

Across
1. bottom; hinder
4. harp
7. liquor; spirits; liqueur
8. to quote
9. *(you/tú)* smiled
11. stray
15. *(I)* helped
16. total; overall
17. oboe
18. rare; scarce

Down
1. void
2. lights
3. *(I will)* learn
5. routes
6. to engage; to attract
8. believers
10. ocean
12. award
13. oyster
14. elf

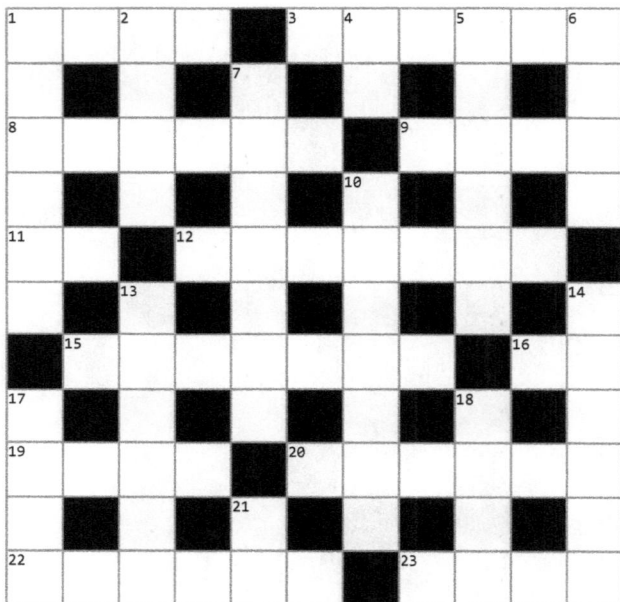

Across
1. berry
3. to whistle
8. crust
9. ounce
11. in; at
12. to stalk
15. aggravation
16. from
19. uncles
20. salty
22. smells
23. gauze

Down
1. locks
2. cast
4. to go
5. bends
6. real; royal
7. to shred
10. to oil
13. unknown
14. madam
17. atheist
18. (he) does
21. faith

No. 20

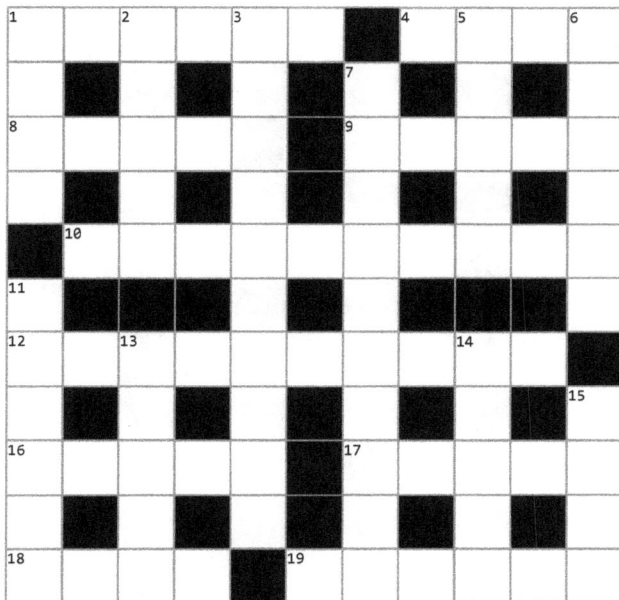

Across

1. *(he will)* turn
4. pineapple
8. anchor
9. magic
10. nature; wilderness
12. window winder
16. obvious; blatant
17. *(I was)* fearing
18. to plough
19. cool; fresh

Down

1. great
2. bout
3. *(we)* resume
5. groin
6. to finish
7. to package
11. improvement
13. *(he)* sends
14. souls
15. *(I)* win

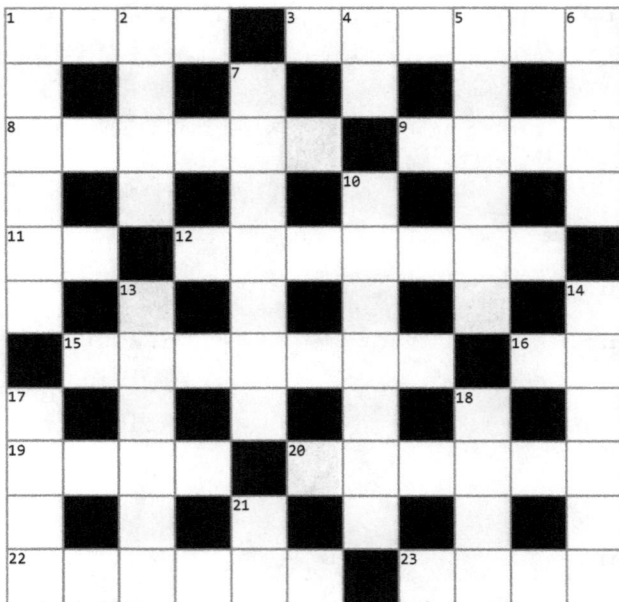

Across

1. hoax
3. drunk
8. *(he)* chatted
9. oral
11. *(he)* gives
12. kicks
15. stroke
16. tea
19. line; thread
20. party
22. linear
23. fashion

Down

1. mouthful
2. loyal
4. the
5. unrealistic; unreal
6. pot
7. mason
10. malice
13. *(they)* talk
14. decade
17. wrap; shawl
18. ass; donkey
21. already

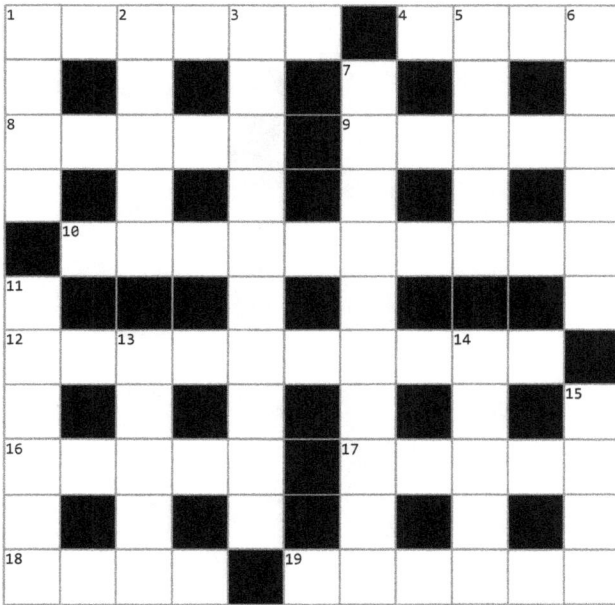

Across

1. arms
4. pope
8. *(I was)* believing
9. grandson; grandchild
10. pompous; majestic
12. afterlife
16. *(he)* wanted
17. take; to take
18. those
19. armed

Down

1. buck
2. bee
3. heatwave (3,2,5)
5. steel
6. supports
7. instructor
11. although; albeit
13. wheat
14. bomb; pump
15. bow; arch

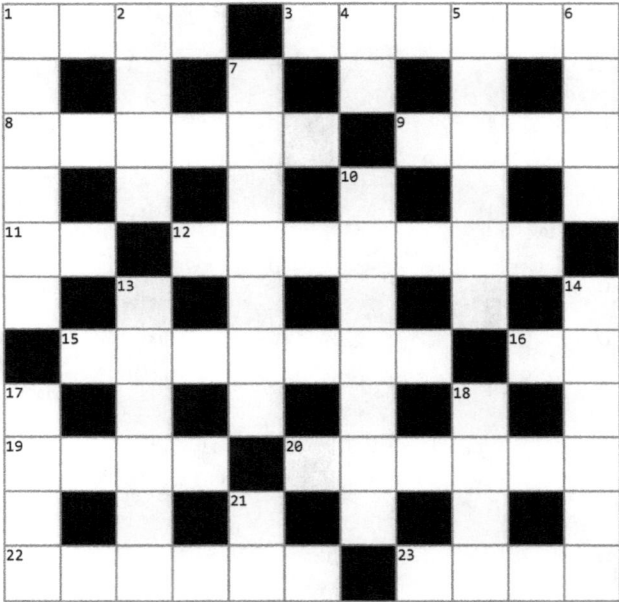

Across

1. lure
3. riddle; enigma
8. yearning
9. parlor
11. yourself; tee
12. *(we will)* see
15. bill
16. you
19. apt
20. thorn
22. *(you/vosotros)* feel
23. *(he)* fell

Down

1. quarter; fourth
2. owl
4. nor
5. degrees
6. to love
7. client; patron
10. hastily (2,5)
13. staff; club
14. *(he)* escaped
17. chaos
18. scuffle
21. yes; aye

No. 24

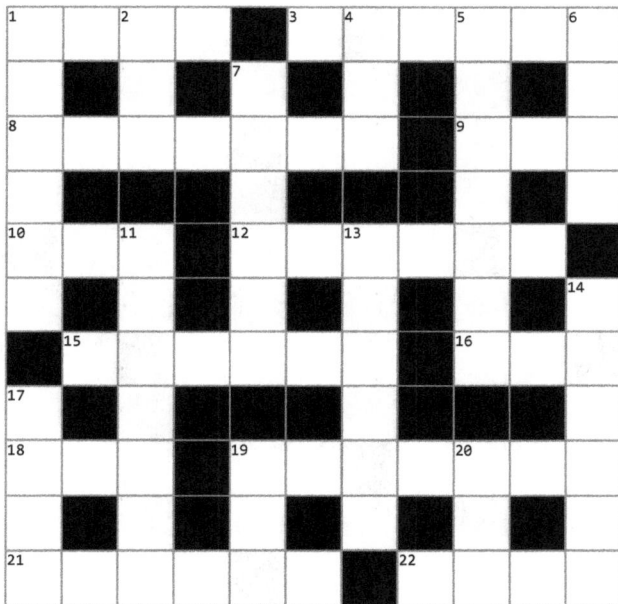

Across

1. raffle
3. ballad
8. tip
9. pathway
10. duet; duo
12. mischievous
15. purity
16. *(you/vosotros)* hear
18. *(he will)* go
19. *(I)* offer
21. to tear; to rip
22. choir; chorus; ca

Down

1. quickly; quick
2. ugly
4. handle
5. adverse
6. to tie; to bundle
7. simple
11. *(you/vosotros)* occupy
13. four
14. sketch
17. to peep
19. ode
20. zoo

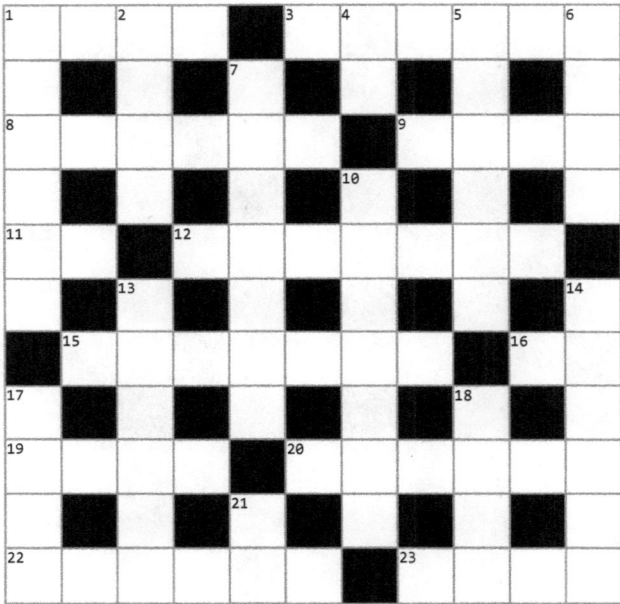

Across

1. *(I)* pray
3. to dive
8. clean; neat
9. *(I)* ate
11. your
12. to accord; to bestow
15. *(you will)* read
16. me; myself
19. linen
20. wand
22. price
23. mud

Down

1. roulette
2. juice
4. an
5. to anger
6. *(you/vosotros)* laugh
7. sincere
10. to orbit
13. twenty
14. legacy
17. briefs
18. pine
21. my

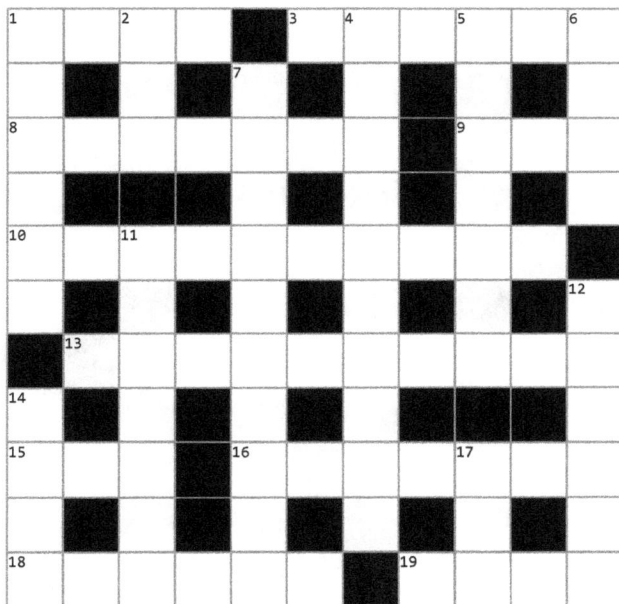

Across
1. gem
3. profile
8. to decorate
9. bus
10. democracy
13. needy
15. gone
16. to chat; to banter
18. to exhaust
19. focus

Down
1. screwed
2. yak
4. actually (2,8)
5. factory
6. steady; sleek
7. frequency
11. fearful
12. mail
14. stack; heap
17. hassle

No. 27

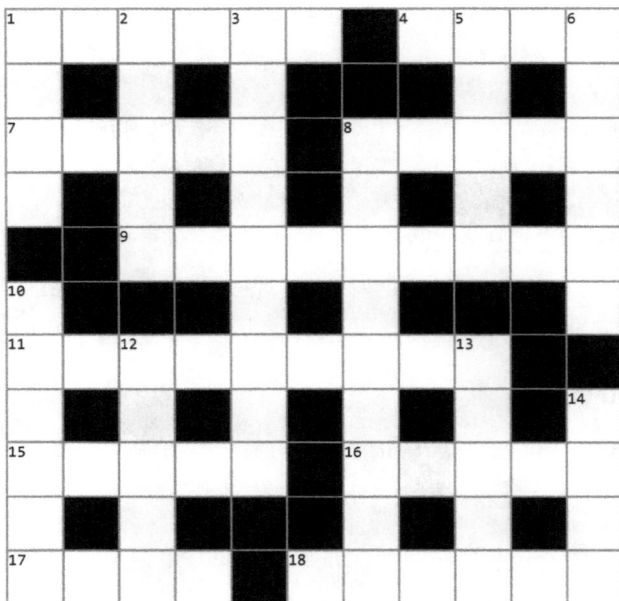

Across
1. nickel
4. branch
7. snow
8. rhythm
9. *(you/tú)* obtained
11. hats
15. lethal
16. black
17. wave
18. therefore (3,3)

Down
1. infant
2. cheese
3. electoral
5. acts
6. loves
8. reverend
10. assault
12. half
13. *(he)* follows
14. fool

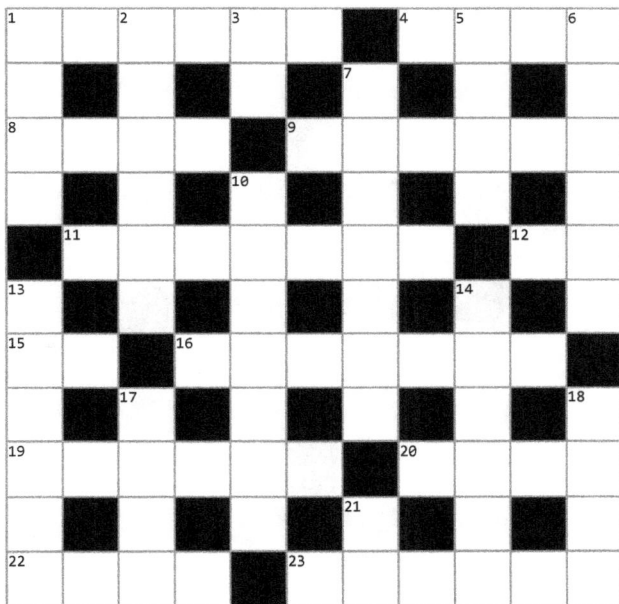

Across

1. to nest
4. satin
8. *(I)* cease
9. iron
11. to push; to shove
12. herself; yourselves
15. his; her
16. to warn; to alert
19. *(they)* help
20. vote; vow
22. amen
23. lapel

Down

1. moose
2. input
3. alas
5. scathing
6. to oppose
7. miracle
10. nuclear
13. scale
14. street light; lamppost
17. *(I)* doubted
18. *(he)* touches
21. I

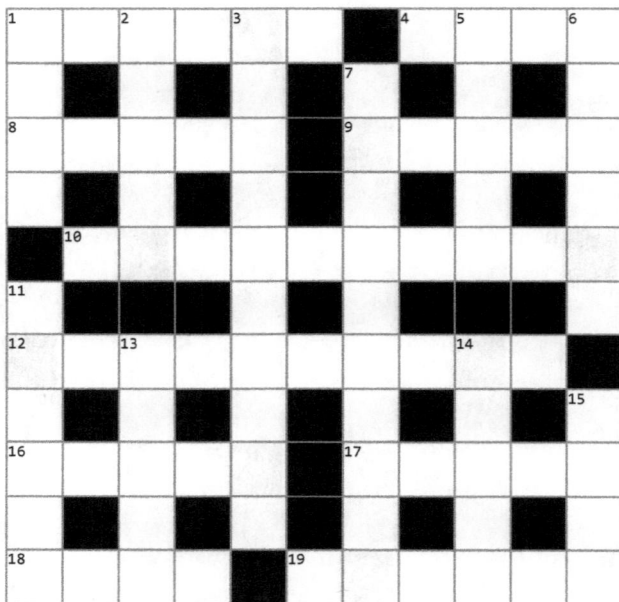

Across
1. barley
4. *(he)* pays
8. to play
9. senile
10. to concern (9,1)
12. to party
16. alias
17. usual
18. to roast; to grill
19. clam

Down
1. eyebrow
2. catfish
3. to hustle (5,5)
5. harness
6. to howl
7. spiritual
11. customs
13. pod
14. willow
15. dawn

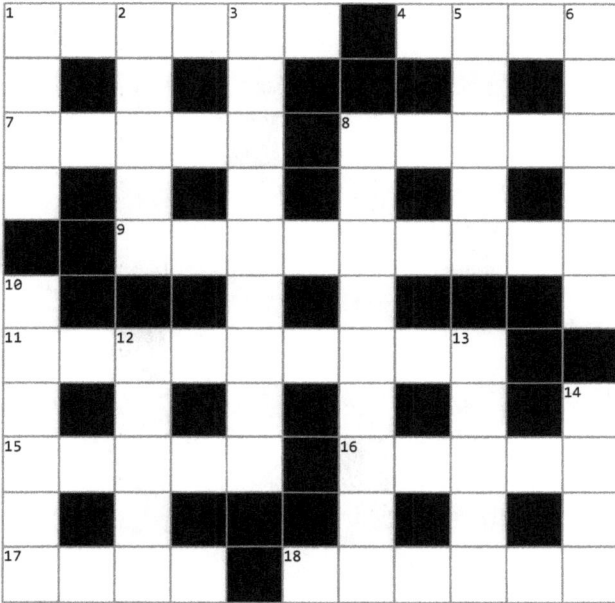

Across

1. *(I)* choose
4. *(I)* win
7. to rhyme
8. chicken
9. *(you/tú)* changed
11. *(you were)* retaining
15. dust; powder
16. these
17. bosom
18. to dance

Down

1. *(he)* misses
2. comic
3. oath
5. classrooms
6. smells
8. spring
10. groups
12. heel
13. subtle
14. to use

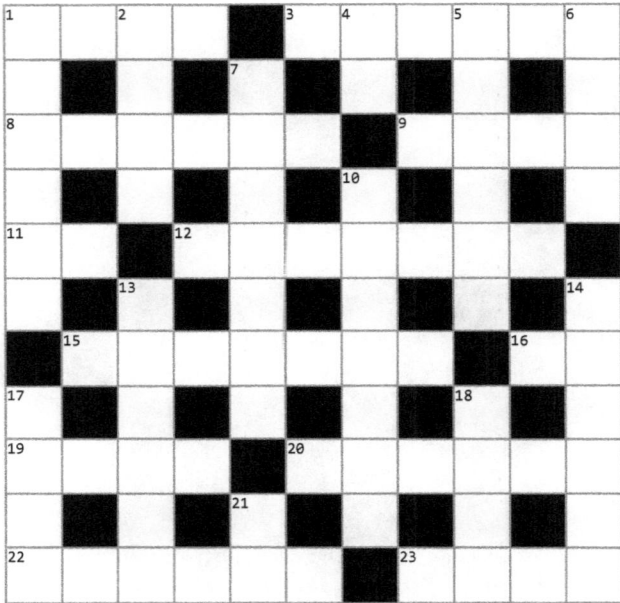

Across

1. *(he)* leads
3. bladder
8. gentle
9. harp
11. ace
12. *(you/tú)* forget
15. limits
16. faith
19. blue
20. *(I was)* pulling
22. to drug
23. bean

Down

1. to drip
2. item
4. the
5. unrealistic; unreal
6. to plough
7. to influence
10. misery
13. title
14. frost; freeze
17. lute
18. wool
21. already

No. 32

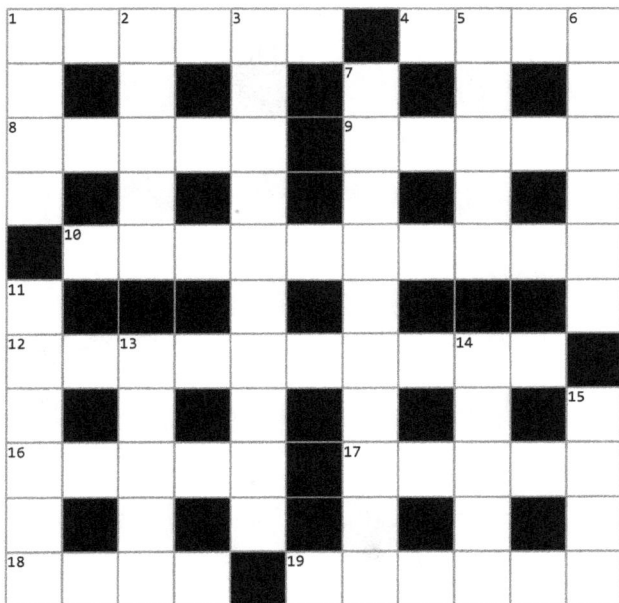

Across

1. achievements
4. drool
8. cake
9. ulcer
10. interested
12. to ruin
16. dew
17. icon
18. real; royal
19. trial; rehearsal

Down

1. can
2. (they) turn
3. heatwave (3,2,5)
5. (I was) loving
6. spit
7. alienation
11. to adore
13. cult
14. perfume; aroma
15. steal; theft

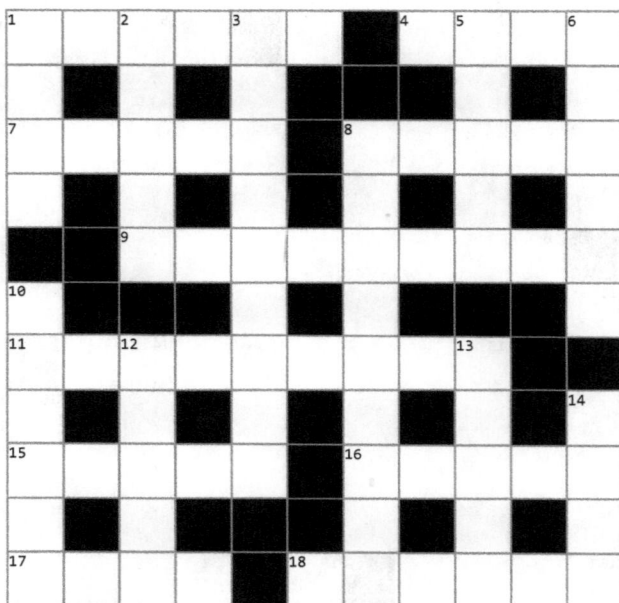

Across
1. inn
4. stink
7. flavour
8. comb
9. hope
11. potential
15. tower
16. helm
17. ass; donkey
18. to slow; to brake

Down
1. pose
2. upon; onto
3. suddenly (2,7)
5. union
6. to operate
8. to persist
10. apathy
12. wrench
13. lemon
14. to unite

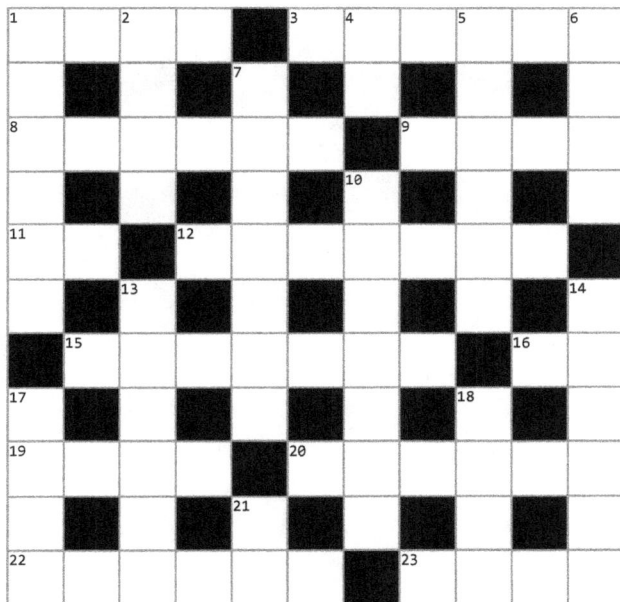

Across
1. flap
3. towel
8. advance
9. pope
11. *(he)* gives
12. regular; to regulate
15. to alter
16. not; no
19. bow; arch
20. jockey; rider
22. hold
23. bullet

Down
1. fraud
2. to love
4. *(I)* heard
5. *(they)* call
6. to tie; to bundle
7. to access
10. summary
13. arrow
14. fellow
17. hunt
18. finish; goal
21. to go

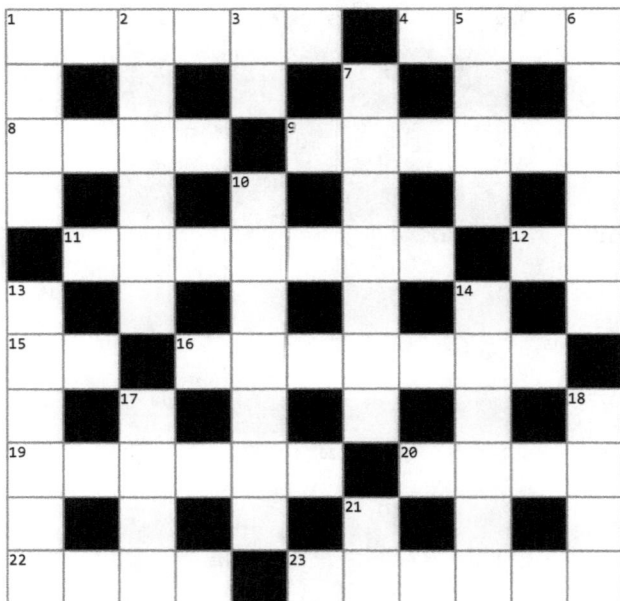

Across
1. terms
4. picnic
8. toad
9. *(he)* wants
11. diploma
12. *(he)* goes
15. in; at
16. walks
19. shop
20. fig
22. nut; walnut
23. strike

Down
1. *(I)* passed
2. ample
3. you
5. idea
6. to attach
7. chemical; chemist
10. shriek
13. pedestrian
14. social
17. telly
18. hello; hi
21. your

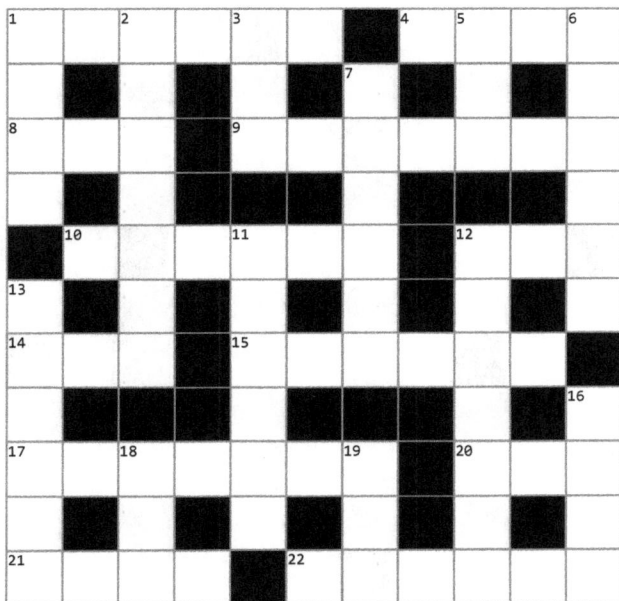

Across

1. to trot
4. list
8. encore
9. ominous
10. otter
12. *(I)* read
14. *(he)* laughed
15. plant
17. *(you/tú)* ate
20. rum
21. dash; streak
22. campfire

Down

1. taboo
2. obscure
3. garlic
5. gone
6. agony
7. pajamas
11. rest
12. lottery
13. to grow
16. ounce
18. very
19. echo

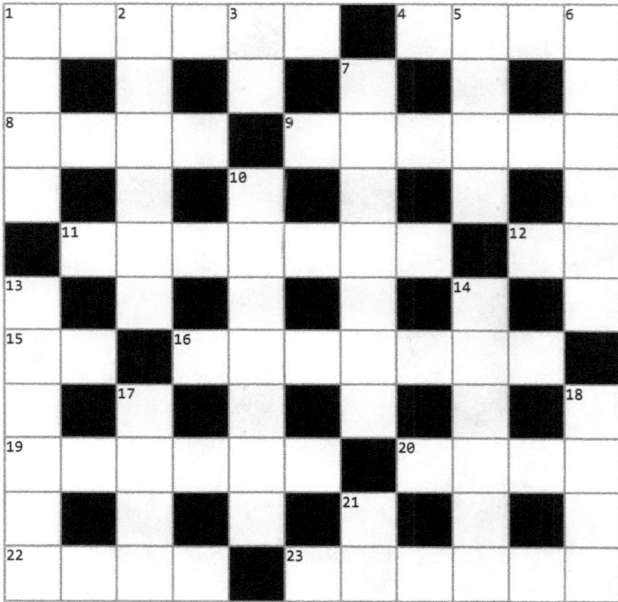

Across

1. rife
4. pot
8. oral
9. worm
11. *(he will)* close
12. nor
15. yes; aye
16. humble
19. to reminisce
20. plan
22. toilet
23. *(I was)* suffering

Down

1. god
2. flashing
3. if
5. loyal
6. to abolish
7. ward; guardian
10. to arch
13. scam
14. to flatter
17. jar; crock
18. wave
21. cue

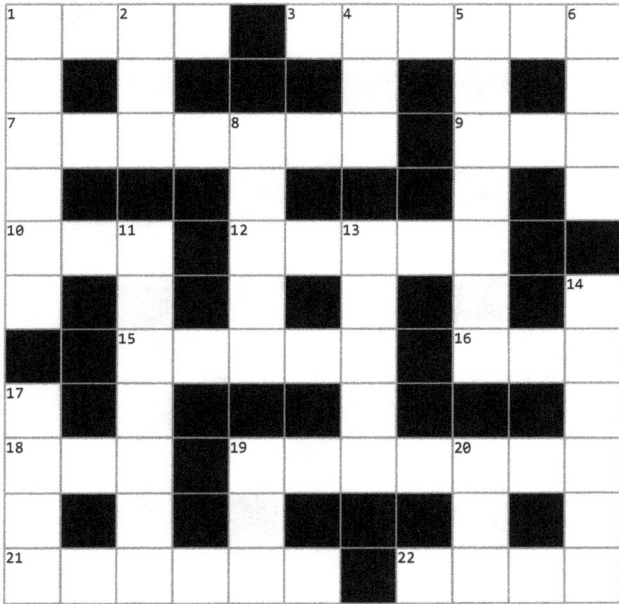

Across

1. well; asset
3. to fold
7. worn
9. cough
10. lady
12. tunnel
15. scourge
16. ode
18. bundle
19. to camp
21. shapes
22. canvas

Down

1. purses
2. axis
4. hassle
5. trigger
6. satin
8. (I) act
11. to advance
13. granddaughter
14. homeland
17. chef
19. handle
20. peep

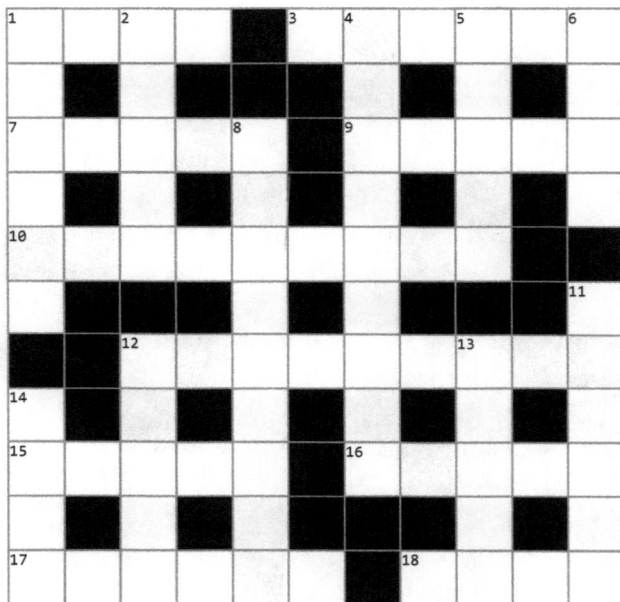

Across
1. pyre
3. march
7. book
9. beard
10. merchandise
12. editorial
15. prize; spoil
16. to glance
17. amiable; lovable
18. dawn

Down
1. dove
2. to steal
4. ambitious
5. fence; near; nigh
6. to roast; to grill
8. occasional
11. aware
12. *(he)* enters
13. ideal
14. play

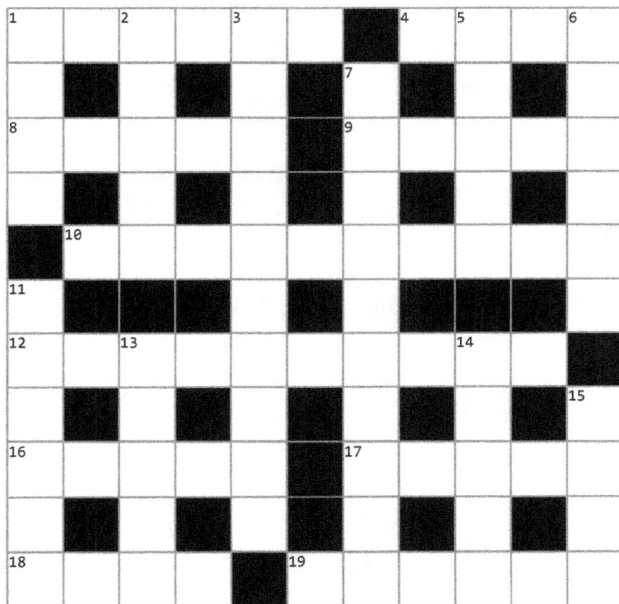

Across
1. cuts
4. tuna
8. cognac
9. color
10. artillery
12. crossword
16. noise
17. *(I)* slept
18. those
19. *(you were)* believing

Down
1. cuckoo
2. to scuffle
3. *(we)* write
5. to log
6. normal; mainstream
7. accelerator; throttle
11. chord
13. united
14. *(I)* bit
15. aunts

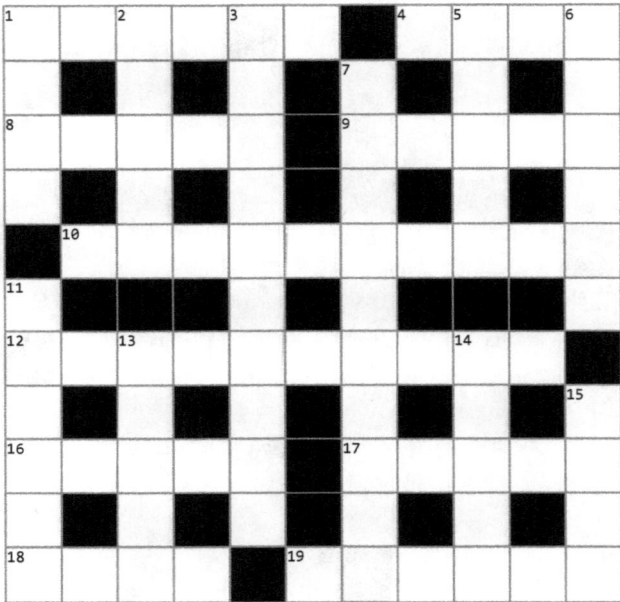

Across
1. goodness; kindness
4. chaos
8. cello
9. to prune; to mow
10. distraught
12. *(they will)* cover
16. coffin
17. to fit
18. to plough
19. *(they will)* fall

Down
1. bike
2. nine
3. lucky; fortunate
5. village
6. sips
7. guise
11. hangover
13. veneer
14. amber
15. great

No. 42

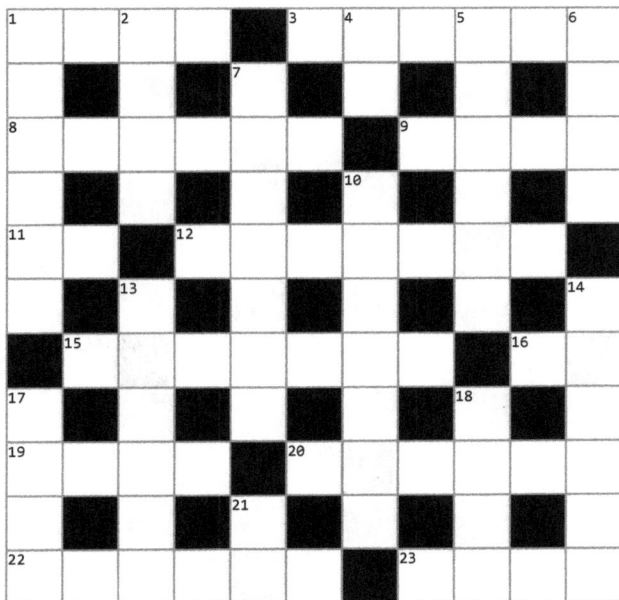

Across

1. fool
3. fires
8. to cradle
9. useful
11. herself; yourselves
12. *(you were)* pulling
15. *(they)* count
16. faith
19. urn
20. outfit
22. to elect
23. fairy

Down

1. slug
2. steer; ox
4. an
5. to scramble
6. parlor
7. malicious
10. rarely (4,3)
13. fifteen
14. barley
17. hub
18. pineapple
21. *(I)* saw

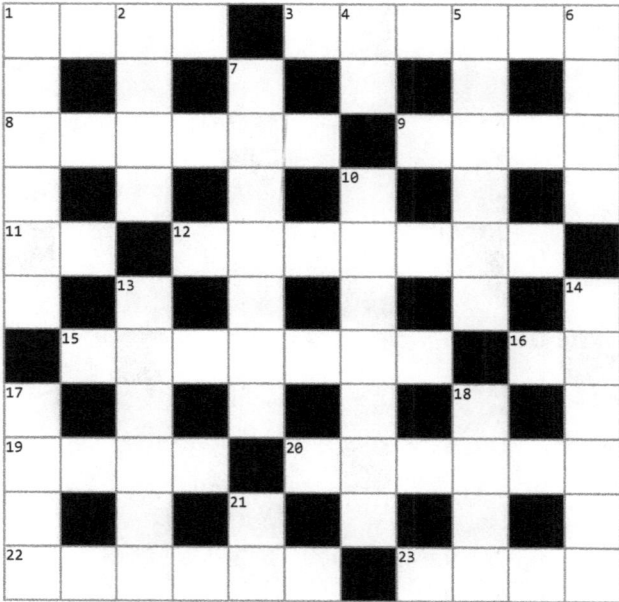

Across

1. *(he)* prays
3. *(they)* loved
8. bound; limit
9. want
11. tea
12. lettuce
15. fearful
16. ace
19. wax
20. palette
22. trial; rehearsal
23. pole

Down

1. roulette
2. juice
4. me; myself
5. burst; flurry
6. infant
7. attire
10. sparks
13. tigers
14. rare; scarce
17. scathing
18. eyebrow
21. alas

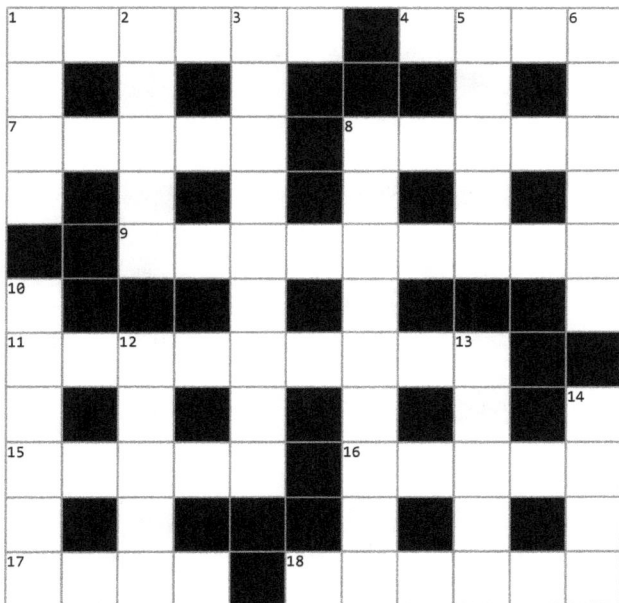

Across

1. *(I)* buy
4. crumb
7. thesis
8. site; solar
9. *(you/tú)* offered
11. sink
15. cycle; loop
16. cause
17. *(you were)* hearing
18. cattle; livestock

Down

1. quote; quotation
2. same
3. occupied; secretive
5. islands
6. to engage; to attract
8. sequence
10. emotion; affection
12. gum
13. *(he)* occupies
14. ford

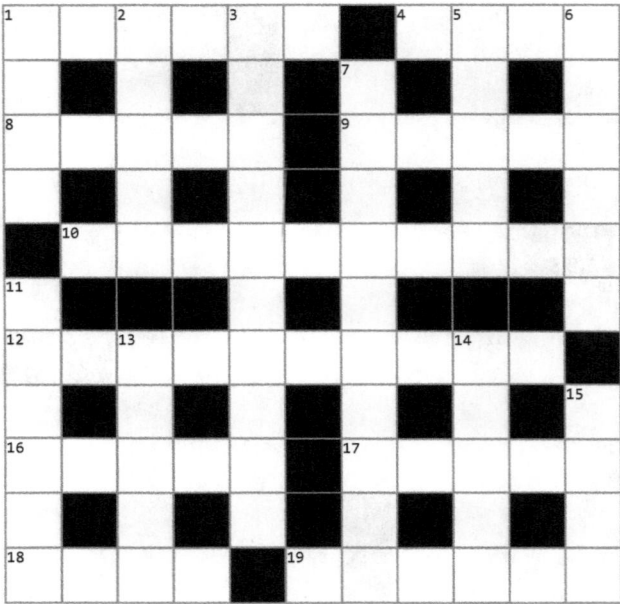

Across

1. mirror
4. lake
8. happy
9. vice
10. catastrophe
12. bankruptcy
16. pig; pork; swine
17. mint
18. real; royal
19. tin

Down

1. elf
2. palm
3. *(we were)* judging
5. wide
6. to oppose
7. *(we will)* avoid
11. to locate
13. norm
14. *(I was)* having
15. snare

No. 46

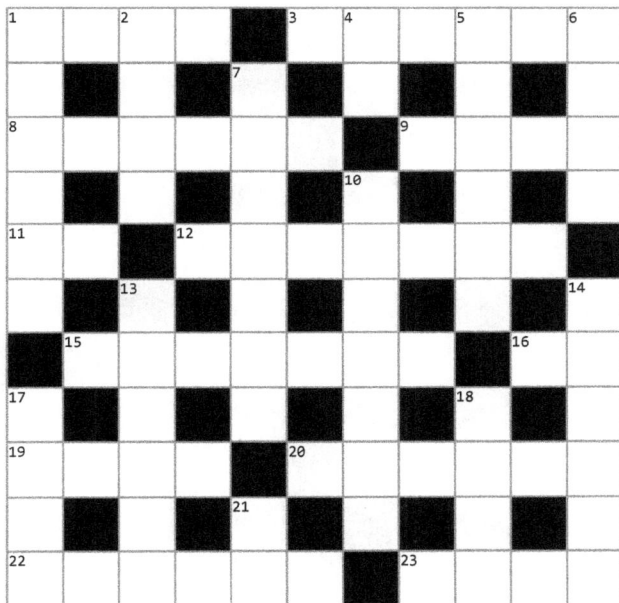

Across
1. fig
3. *(you/vosotros)* follow
8. sonic
9. *(you/vosotros)* give
11. to go
12. to revive; to relive
15. walls
16. your
19. ounce
20. *(they)* laughed
22. street light; lamppost
23. can

Down
1. hostile
2. *(I)* win
4. in; at
5. uranium
6. soda
7. to access
10. millennium
13. to throw; to launch
14. account; count
17. golf
18. harp
21. the

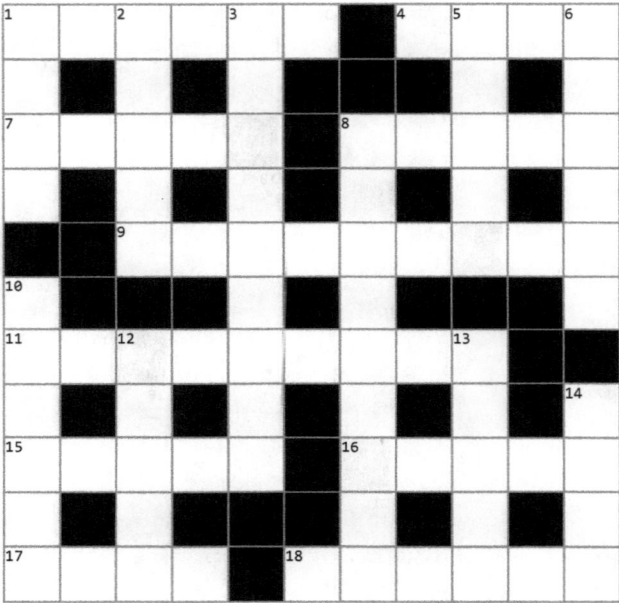

Across

1. luxurious
4. crane
7. *(they)* turn
8. sign
9. *(I)* replace
11. boundaries
15. nail; spike
16. chests
17. oboe
18. pink

Down

1. lay
2. to swear
3. sinister
5. ruler; rule
6. supports
8. borne
10. craft
12. dusk
13. cult
14. ass; donkey

No. 48

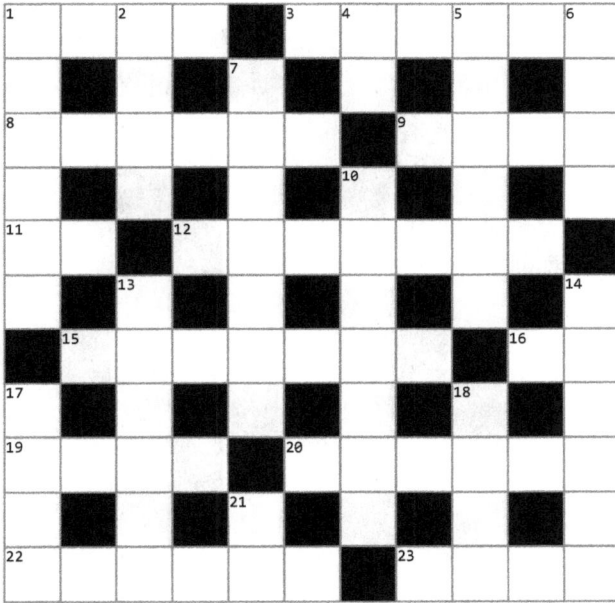

Across

1. to depart
3. to cut; to hack
8. drove; herd
9. waltz
11. nor
12. (I will) act
15. motionless
16. gee
19. plan
20. session
22. smells
23. moose

Down

1. immune
2. healthy
4. you
5. theater
6. satin
7. addition
10. jubilee
13. awhile (2,4)
14. twenty
17. apt
18. faithful
21. from

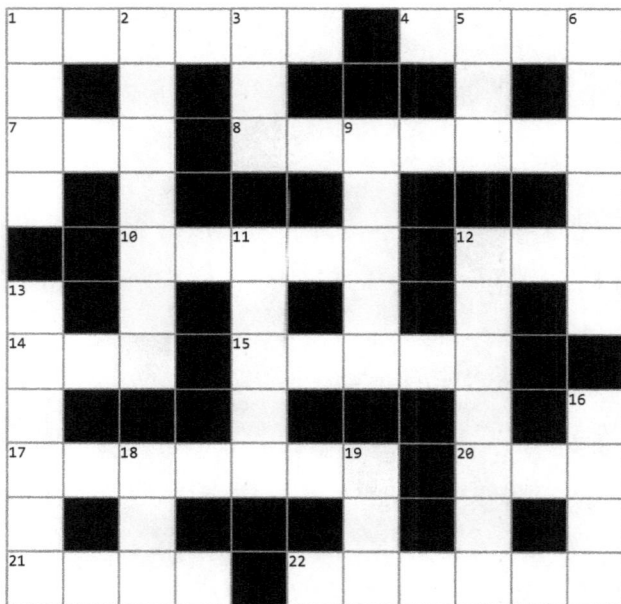

Across
1. to depend
4. *(he)* eats
7. *(he)* reads
8. strange; foreign
10. take; to take
12. lady
14. gone
15. canoe
17. screen
20. cough
21. dash; streak
22. to honor

Down
1. stack; heap
2. our
3. axis
5. ode
6. to anger
9. wrench
11. locks; fuse
12. to rob; to assault
13. to sign
16. to use
18. very
19. garlic

No. 50

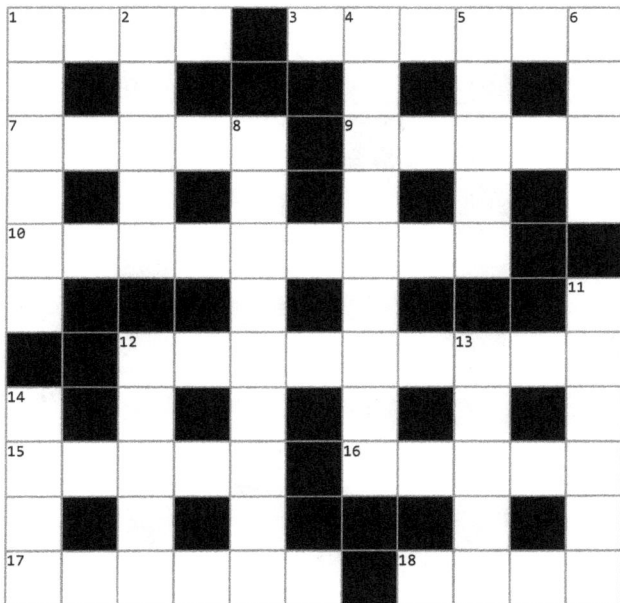

Across
1. cuckoo
3. (you/tú) throw
7. to sift
9. baron
10. exercise
12. microwave
15. bank
16. obvious; blatant
17. to sip
18. mold

Down
1. cars
2. street
4. ambitious
5. fox
6. bosom
8. recycling
11. famous
12. minor; lesser
13. boyfriend; fiancé
14. (you were) going

No. 51

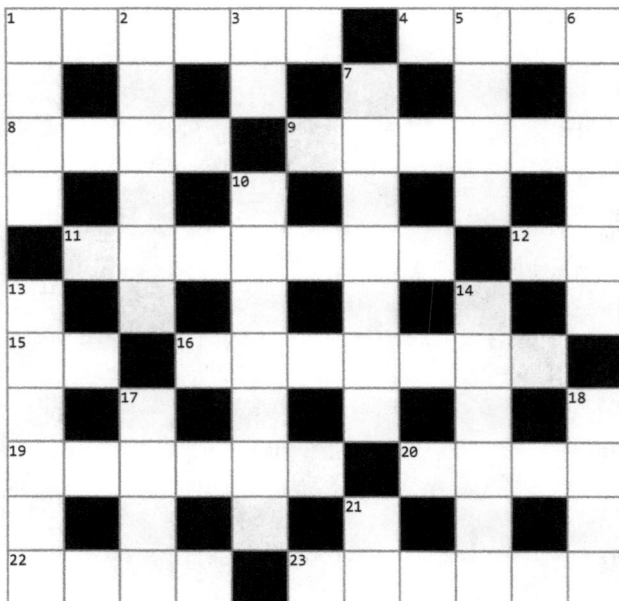

No. 52

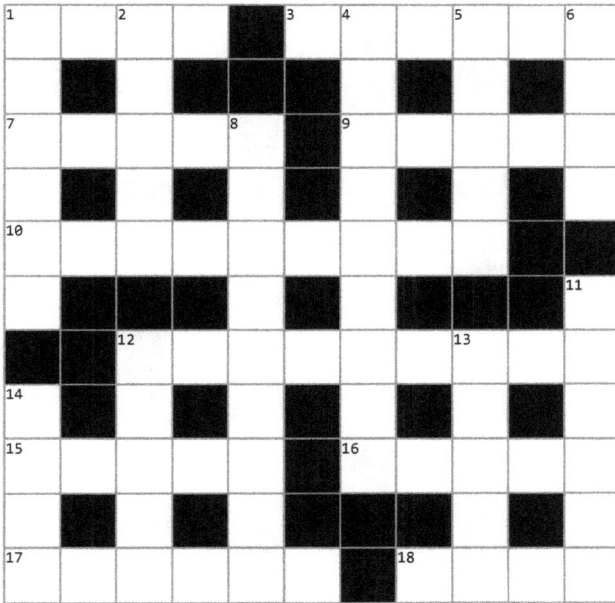

Across
1. *(I)* stopped
3. massage
7. *(I)* suffer
9. trait
10. airline
12. magnificent
15. snob
16. super
17. eternal
18. choir; chorus; ca

Down
1. to fish
2. to raffle
4. *(you were)* learning
5. urge; craving
6. those
8. *(they were)* forcing
11. mail
12. monk
13. unholy
14. *(he)* fears

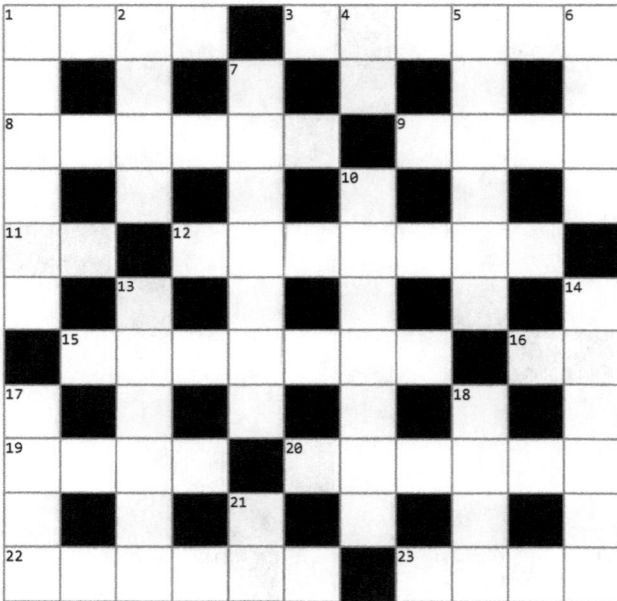

Across

1. slime
3. unleashed
8. to probe
9. dagger
11. *(he)* sees
12. to slice
15. hummingbird
16. tea
19. *(they)* love
20. closing
22. to elect
23. cat; jack

Down

1. damaging
2. menu
4. an
5. *(they)* call
6. oral
7. gallery
10. *(you will)* fall
13. courage
14. kind; genre
17. beside
18. area
21. if

No. 54

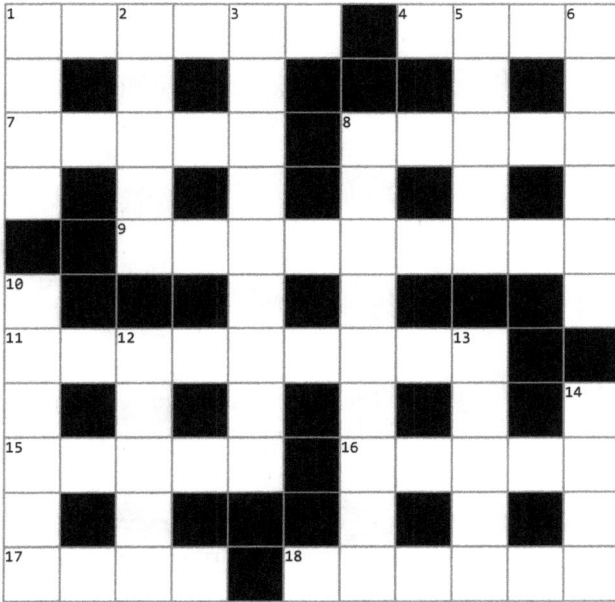

Across
1. reliable; dependable
4. lion
7. cave
8. favor
9. housewife (3,2,4)
11. to confirm
15. dog
16. granddaughter
17. (I) pray
18. rest

Down
1. focus
2. bee
3. striking
5. (he) sends
6. normal; mainstream
8. faithfully
10. to occupy
12. nose
13. irrigation
14. headlight

No. 55

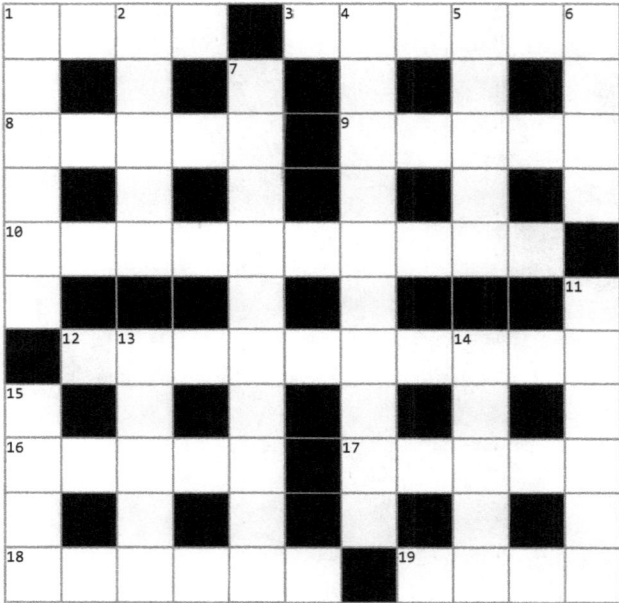

Across
1. steer; ox
3. riddle; enigma
8. grease
9. to cure; to heal
10. to betray
12. microwave
16. *(I)* wear
17. idol
18. to fight
19. pole

Down
1. moustache
2. stage
4. obituary
5. cap
6. scathing
7. bankruptcy
11. sketch
13. ideal
14. goddess
15. briefs

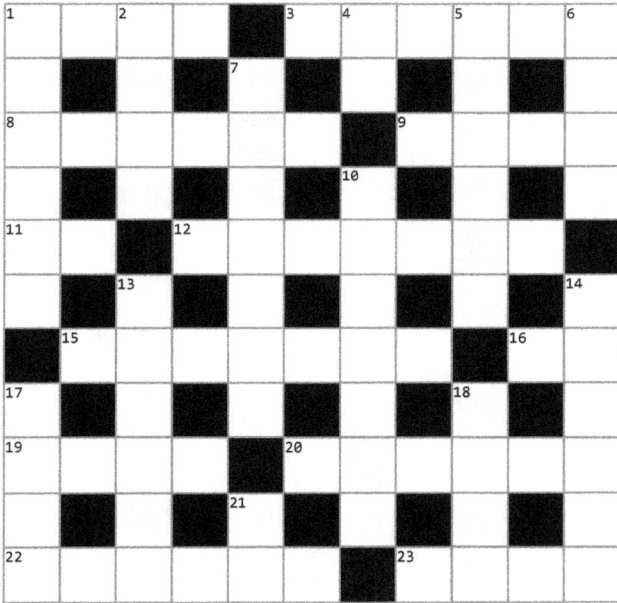

Across

1. china
3. *(they)* laughed
8. moan; groan
9. tuna
11. alas
12. weeks
15. to fake
16. I
19. hello; hi
20. to think
22. tongue; language
23. drool

Down

1. to attain
2. juice
4. to go
5. ritual
6. infant
7. adverse
10. rarely (4,3)
13. crate
14. strap; leash
17. wrap; shawl
18. asthma
21. your

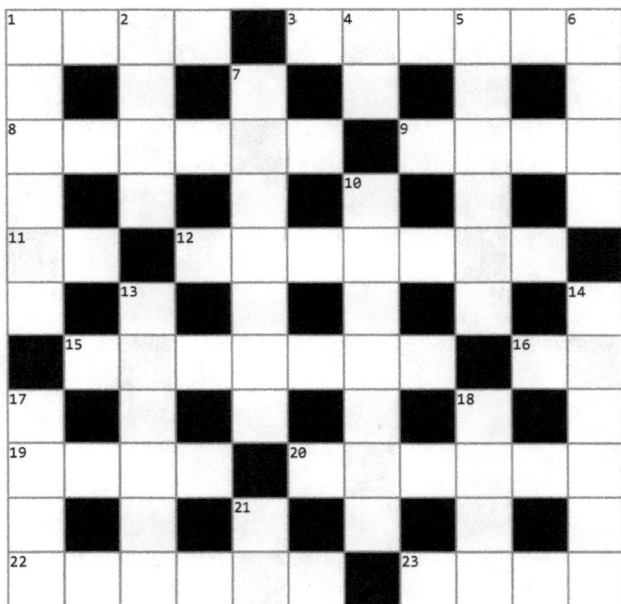

Across

1. baby
3. kitty
8. to tear; to rip
9. can
11. yourself; tee
12. colonel
15. *(you will)* pull
16. the
19. ass; donkey
20. fever
22. daily; diary
23. eyebrow

Down

1. cheap; inexpensive
2. basis; base
4. ace
5. picture; image
6. *(you were)* hearing
7. to value
10. volatile
13. shop
14. clam
17. lute
18. oboe
21. *(I)* gave

No. 58

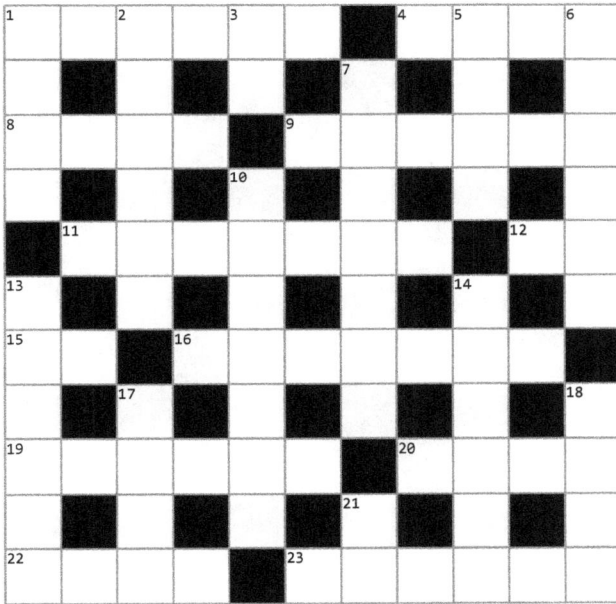

Across
1. rise; climb
4. rat
8. wool
9. (I) decided
11. (you/tú) change
12. cue
15. nor
16. to lay
19. navy
20. item
22. healthy
23. to fill

Down
1. parlor
2. bends
3. from
5. indigo
6. so (3,3)
7. to dry
10. obscene
13. moods
14. frying pan
17. great
18. to love
21. he

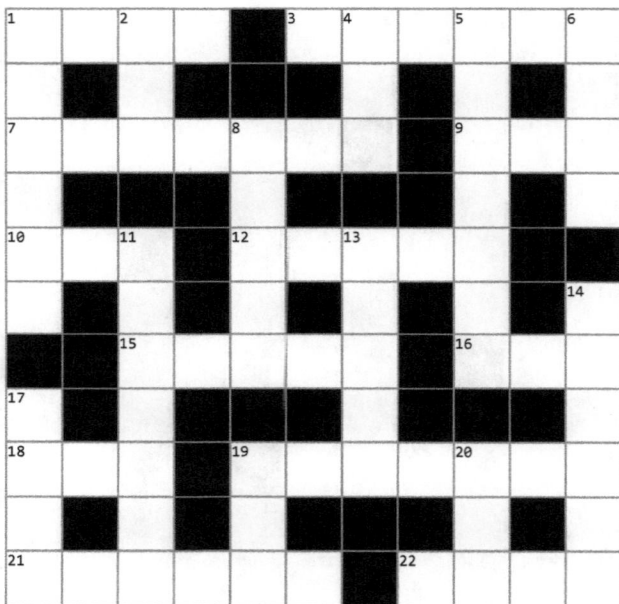

Across
1. ounce
3. bottom; hinder
7. angry
9. jerk
10. cough
12. tunnel
15. awkward
16. ode
18. rum
19. energy
21. *(you/tú)* add
22. wave

Down
1. offer; supply
2. zoo
4. garlic
5. trigger
6. tails
8. actor
11. seventy
13. nine
14. exploit; feat
17. fringe
19. axis
20. gene

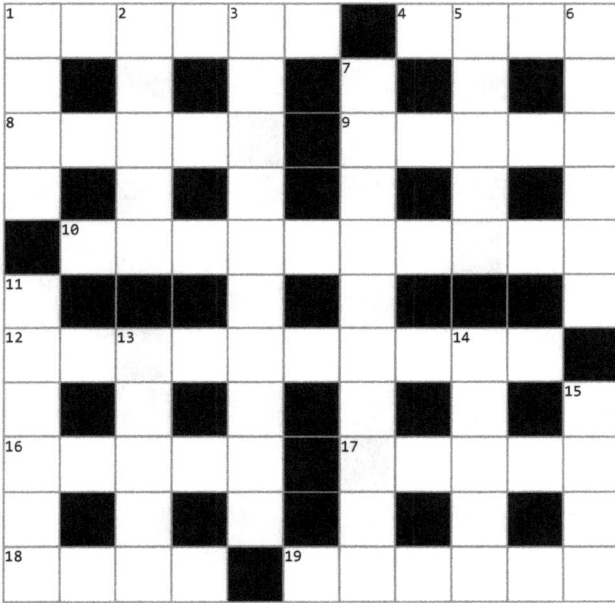

Across
1. *(you will)* do
4. cover
8. *(they)* say
9. form
10. whimsical
12. lighter
16. corny
17. to breed; to foster
18. amen
19. brown

Down
1. fairy
2. bout
3. ignorance
5. aerial
6. spit
7. efficiency
11. hanger
13. *(I)* closed
14. to hate
15. *(they will)* go

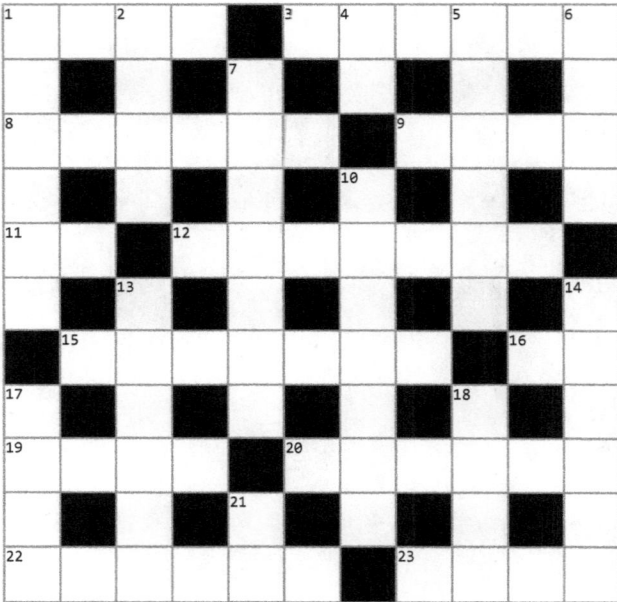

Across

1. harp
3. *(you were)* reading
8. leak
9. reap
11. not; no
12. to pawn
15. niece
16. already
19. to roast; to grill
20. *(I was)* missing
22. agony
23. bosom

Down

1. some
2. foot
4. in; at
5. to encourage
6. soda
7. first; prime
10. tenderness
13. purple
14. tobacco
17. shrub
18. phase
21. yes; aye

No. 62

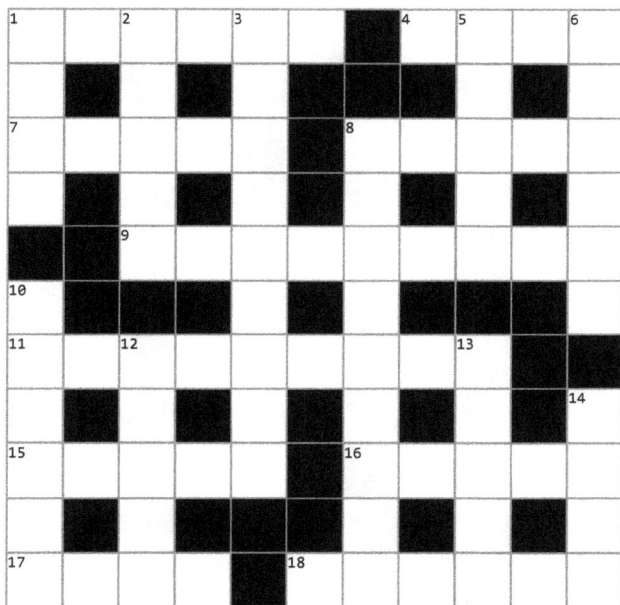

Across
1. extra; excess
4. grave; pit
7. rifle
8. poised
9. activist
11. *(we)* hope
15. chicken
16. norm
17. those
18. *(I)* choose

Down
1. elf
2. basket
3. lonely; solitary
5. oasis
6. to support
8. sink
10. grit
12. octopus
13. sip
14. bouquet

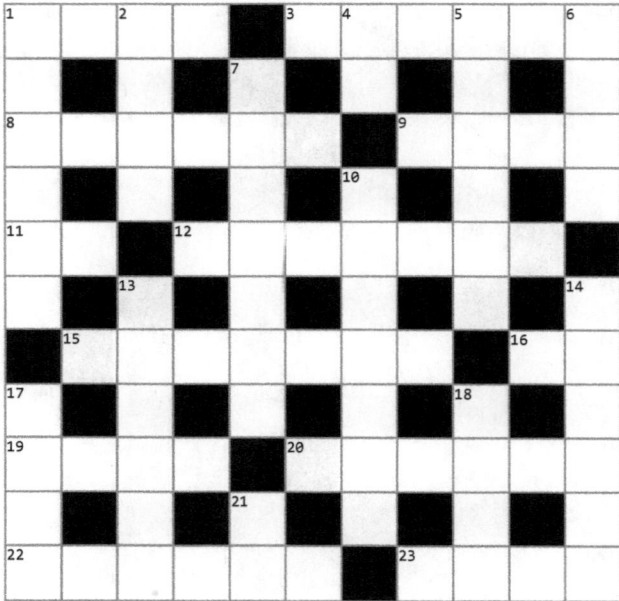

Across

1. cat; jack
3. to suffer
8. action
9. wax
11. tea
12. to treat; treaty
15. oxygen
16. faith
19. blue
20. to seal
22. examination
23. idea

Down

1. glove
2. *(I)* touch
4. an
5. rein
6. real; royal
7. gloomy
10. to attend
13. excuse
14. theory
17. beside
18. avalanche
21. me; myself

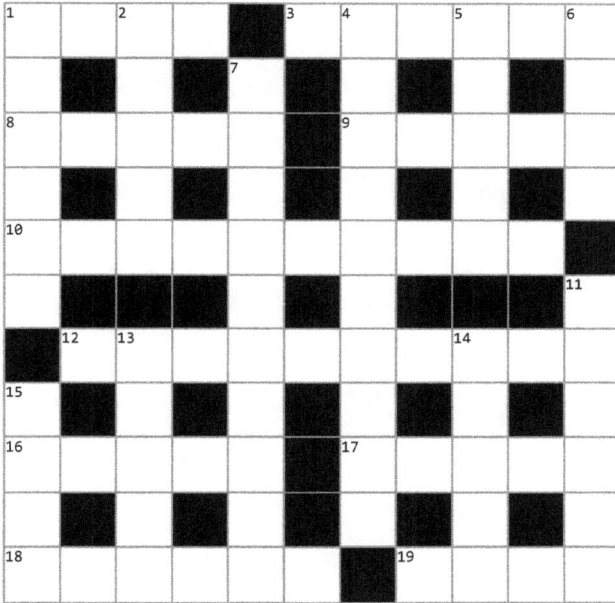

Across

1. *(he)* ceases
3. to call
8. leader; guide
9. these
10. to crack
12. viewer
16. tights
17. islands
18. *(you/tú)* occupy
19. urn

Down

1. trace
2. to sweat
4. *(you/vosotros)* arrived
5. *(you/tú)* kill
6. satin
7. onset
11. ridge
13. solitaire
14. to hurt; to ache
15. apt

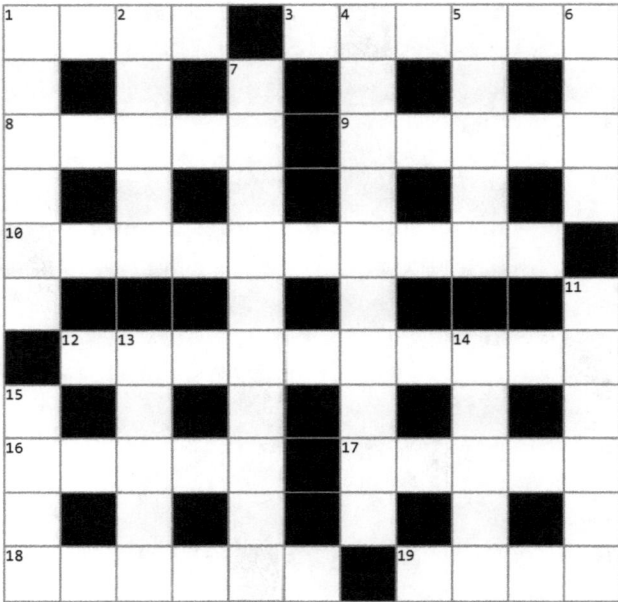

Across

1. steal; theft
3. mashed
8. *(we)* saw
9. fence; near; nigh
10. *(we will)* call
12. *(you were)* promising
16. thug
17. to vote
18. to sip
19. waltz

Down

1. rival
2. bomb; pump
4. recreational
5. March
6. to plough
7. usually
11. oysters
13. to revolve
14. *(he)* acts
15. *(you/tú)* love

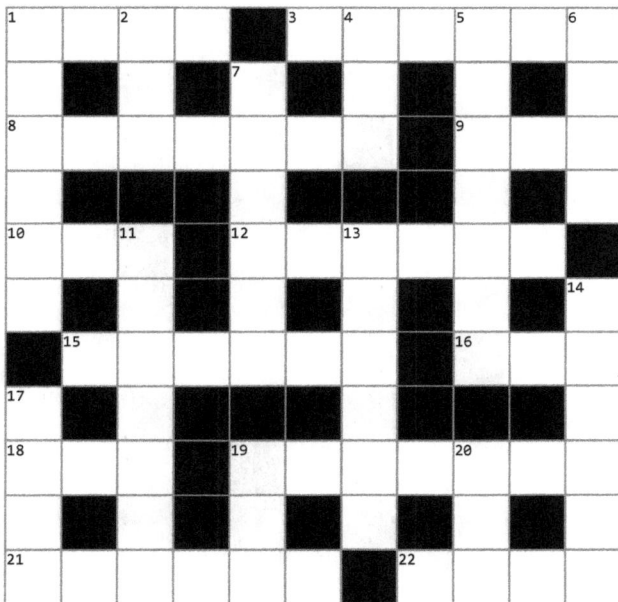

Across

1. (I) drank
3. glory
8. isolated
9. lady
10. handle
12. scope
15. gods
16. (I) laughed
18. boom
19. ant
21. hug; cuddle
22. choir; chorus; ca

Down

1. panties
2. encore
4. hassle
5. reactor
6. to tie; to bundle
7. (you/vosotros) pay
11. to firm; to allege
13. refuse; trash
14. liver
17. play
19. bundle
20. gone

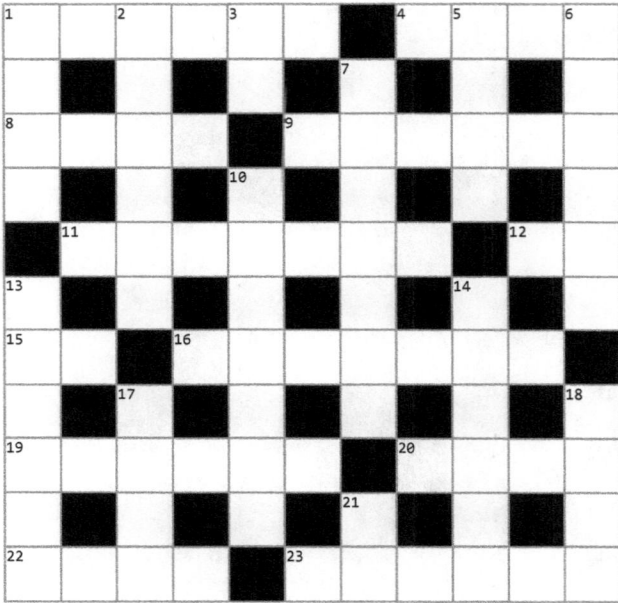

Across

1. *(I)* bite
4. want
8. die
9. to fast
11. *(I)* cover
12. my
15. your
16. lamb
19. girlfriends
20. lure
22. root
23. frost; freeze

Down

1. speechless; mute
2. endorsement
3. *(I)* give
5. thin; sheer
6. nerve
7. helped
10. to place
13. to engage; to attract
14. crack
17. *(I)* lived
18. gem
21. herself; yourselves

No. 68

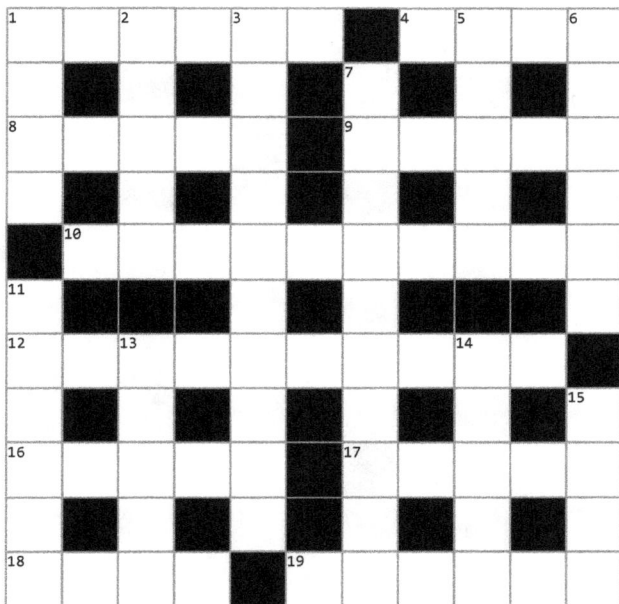

Across

1. to throw; to launch
4. pope
8. much
9. path
10. to refund
12. *(you/tú)* reached
16. nun
17. united
18. nut; walnut
19. *(I was)* passing

Down

1. slime
2. night
3. to torment
5. harness
6. hold
7. notch
11. bartender
13. earl
14. gut
15. hello; hi

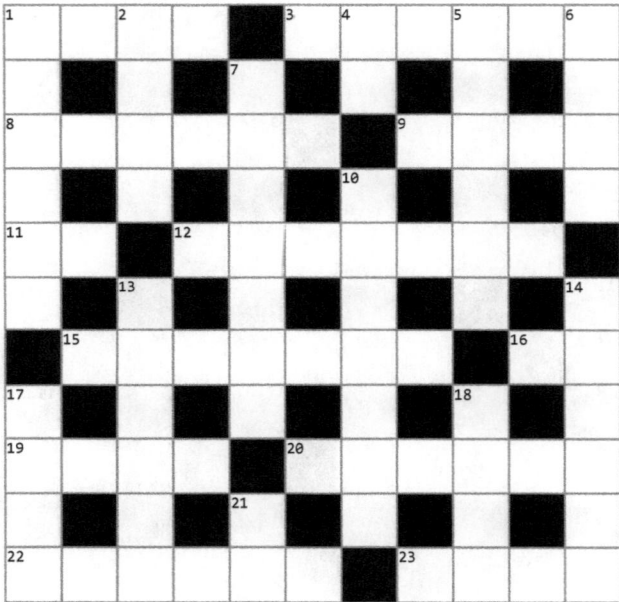

Across
1. default
3. errand
8. cars
9. chalk
11. you
12. pigeons
15. fault
16. gee
19. cuckoo
20. minute
22. *(you will)* hear
23. basis; base

Down
1. many
2. *(I)* prayed
4. the
5. to tune
6. oral
7. cues
10. *(you/vosotros)* count
13. to fish
14. bounce
17. leisure
18. tub
21. if

No. 70

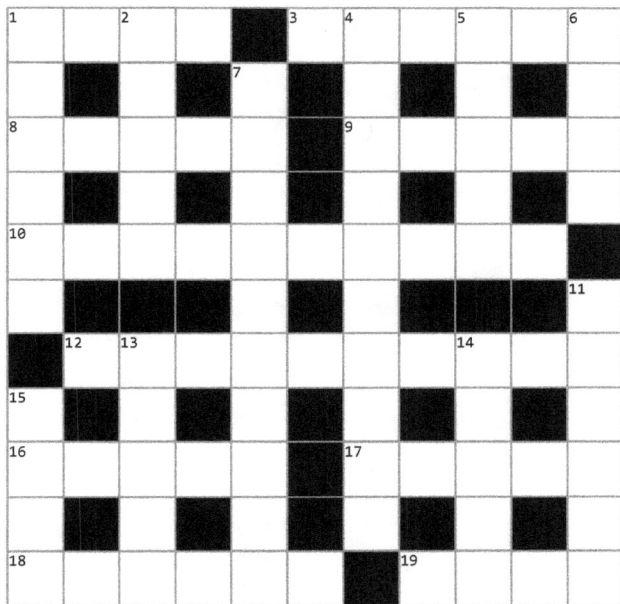

Across
1. raffle
3. fleas
8. *(they)* stop
9. wrench
10. *(they)* resumed
12. farmer
16. take; to take
17. arm
18. marble
19. cone

Down
1. closet
2. form
4. afterlife
5. fat
6. healthy
7. undercover; covert
11. stuffy; brisk
13. to moan; to groan
14. booze
15. item

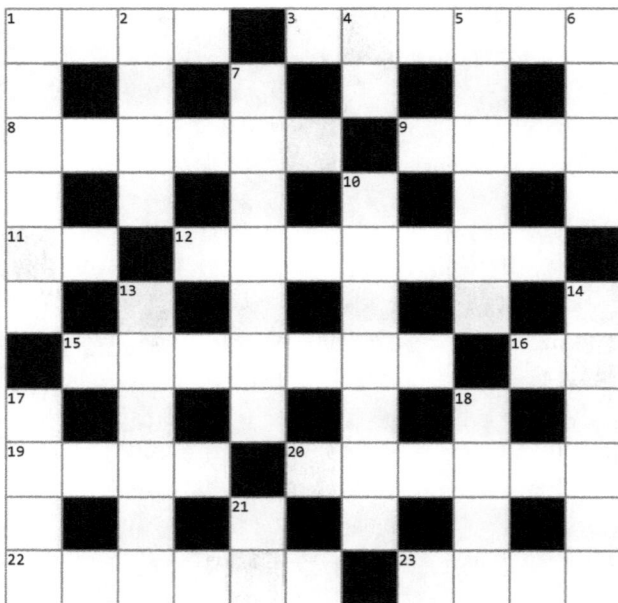

Across

1. menu
3. *(you/vosotros)* follow
8. *(they will)* know
9. chaos
11. cue
12. canary
15. dreamer
16. I
19. branch
20. recess
22. hers (2,4)
23. ass; donkey

Down

1. music
2. turnip
4. in; at
5. uranium
6. soda
7. bursts
10. favors
13. poems
14. voiced
17. to depart
18. *(you/tú)* read
21. alas

No. 72

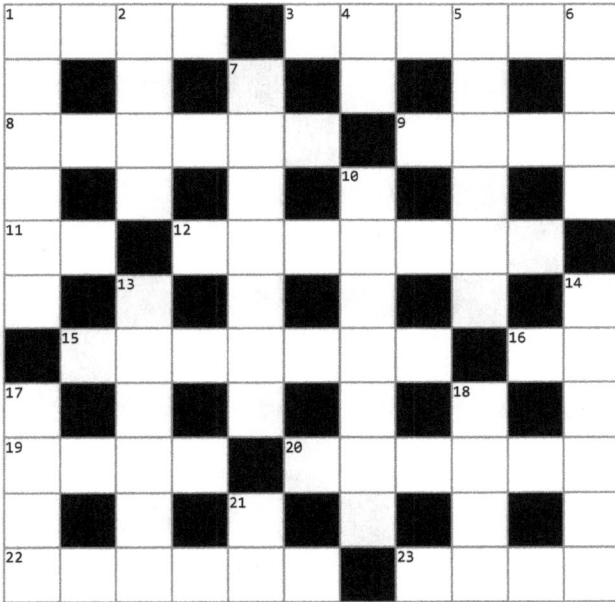

Across

1. to roast; to grill
3. drove; herd
8. attack
9. infant
11. to go
12. females
15. to show
16. he
19. tour
20. wood
22. to cry; to weep; to wail
23. snag

Down

1. to add
2. to love
4. ace
5. to attach
6. toilet
7. absent
10. to hug; to embrace
13. *(I)* smile
14. surge
17. clever; agile
18. *(he)* fears
21. *(he)* goes

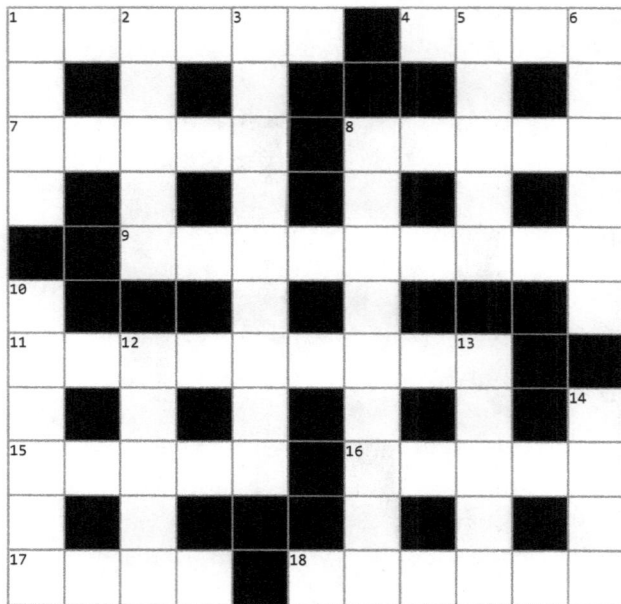

Across

1. frank; straightforward
4. dawn
7. full; stuffed
8. harassment
9. amazing; awfully
11. substance
15. free
16. to hate
17. oboe
18. rocky

Down

1. row; queue
2. fin
3. chocolate
5. (I) cry
6. supports
8. ambitious
10. assault
12. wise; sage
13. friend
14. bow; arch

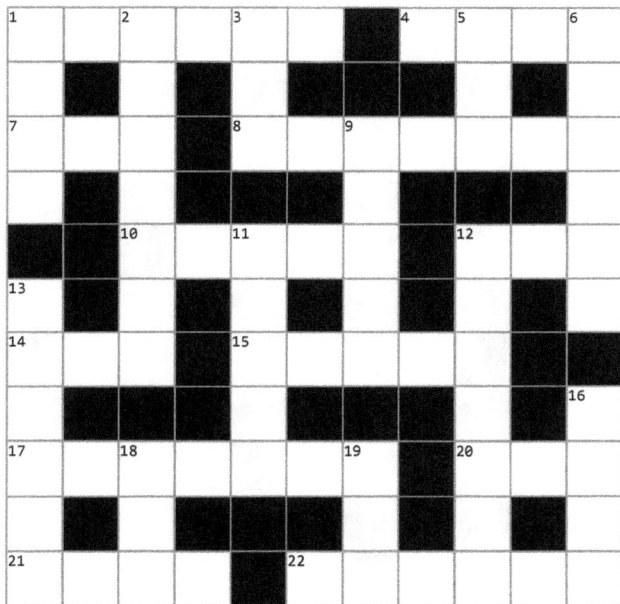

Across

1. to sweep
4. golf
7. yak
8. to extract
10. subtle
12. vile
14. echo
15. rural
17. tie; necktie
20. cough
21. reindeer
22. chickens

Down

1. berry
2. racism
3. axis
5. ode
6. street light; lamppost
9. to log
11. cake
12. volatile
13. to overcome
16. those
18. rum
19. garlic

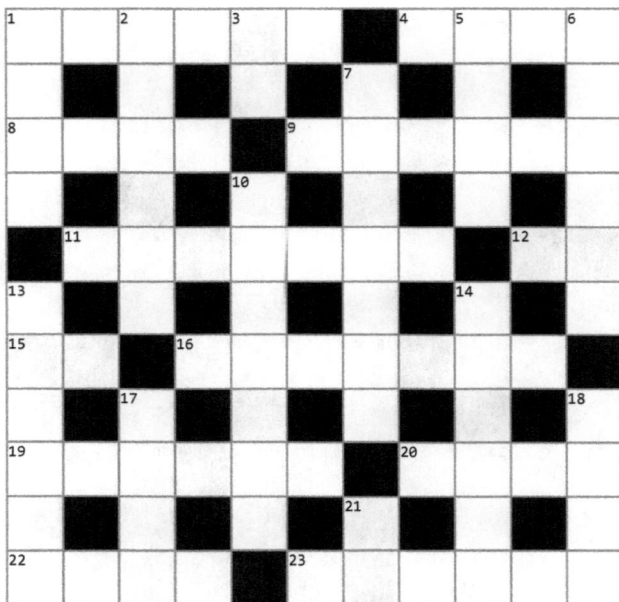

Across

1. screwed
4. juice
8. satin
9. born
11. wanted
12. (he) sees
15. tea
16. (they were) feeling
19. (I was) returning
20. cat; jack
22. wave
23. size

Down

1. picnic
2. dossier
3. from
5. to unite
6. to oppose
7. damn; damned
10. heresy
13. array
14. (I was) killing
17. avalanche
18. fool
21. already

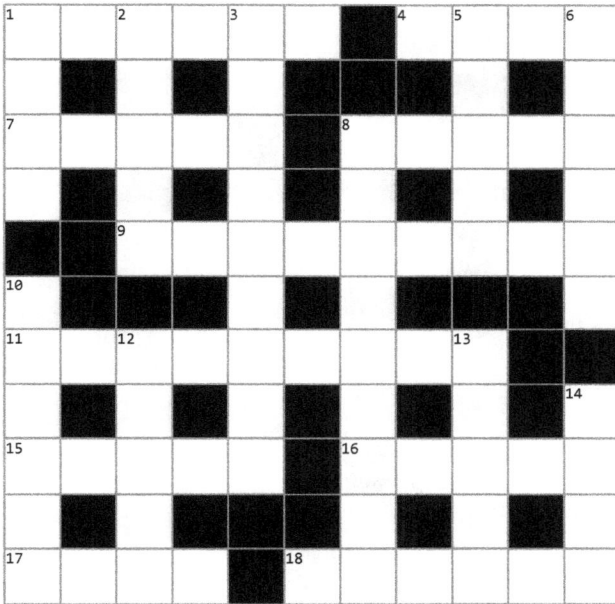

Across

1. dilemma
4. *(you/vosotros)* laugh
7. data
8. to rock
9. alongside (2,7)
11. *(they)* chatted
15. these
16. rhythm
17. play
18. ring

Down

1. *(I)* doubt
2. letter
3. musicals
5. gum
6. sips
8. *(they will)* show
10. access
12. altar
13. native
14. forum

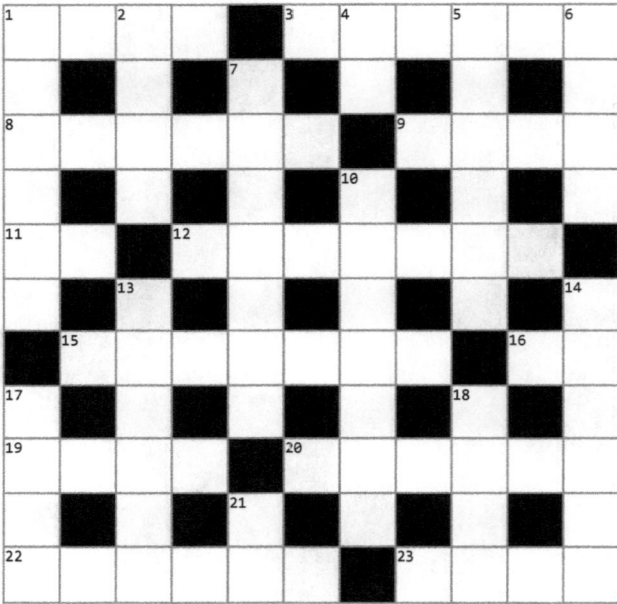

Across

1. *(he)* touches
3. judges
8. *(I)* seemed
9. magnet
11. your
12. to prevent
15. dressing table
16. my
19. to peep
20. cardboard
22. smells
23. drop

Down

1. rug
2. wax
4. an
5. *(he)* changes
6. bosom
7. to camp
10. to bounce
13. wet
14. bail
17. apt
18. atheist
21. me; myself

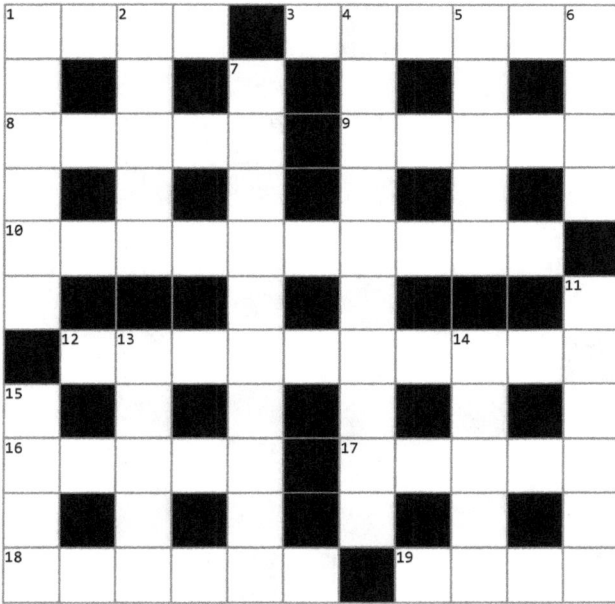

Across

1. pick; peak
3. suitcase
8. cost
9. to wash
10. resolve
12. *(you will)* drive
16. skilled; deft
17. rust
18. fires
19. headlight

Down

1. mischievous
2. instances
4. application
5. *(he)* sent
6. scathing
7. lap
11. sketch
13. audible
14. ruin
15. chef

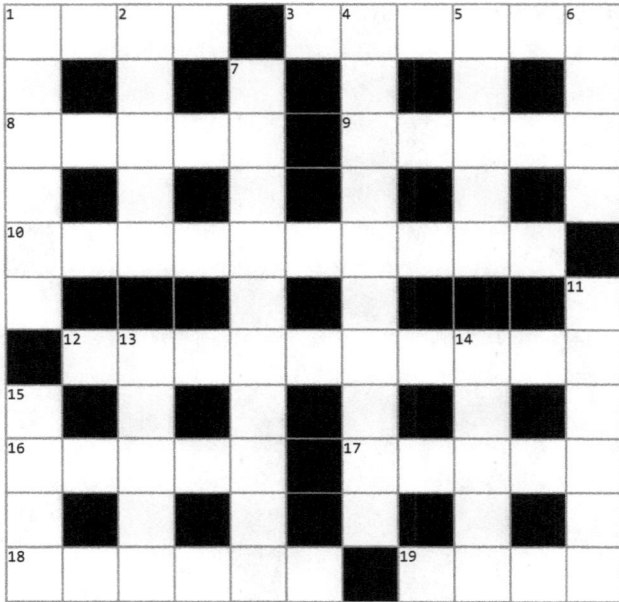

Across
1. great
3. truce
8. irrigation
9. urge; craving
10. usher
12. inmates
16. to look; to watch
17. to stray
18. normal; mainstream
19. waltz

Down
1. paws
2. fondness; attachment
4. to reappear
5. gesture
6. to plough
7. chainsaw
11. oysters
13. mistake; blunder
14. job; assignment
15. (they) love

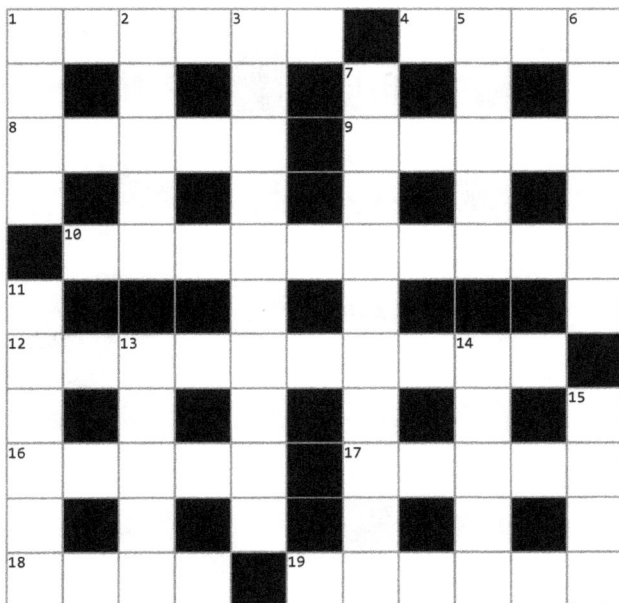

Across
1. to drool
4. *(he)* eats
8. fork; gallows
9. *(you/tú)* heard
10. to concern (9,1)
12. fascinating
16. straight
17. groin
18. to tie; to bundle
19. yearning

Down
1. owl
2. border; brink
3. *(we)* appeared
5. oasis
6. to loft
7. motivation
11. offer; supply
13. cult
14. tiger
15. hedge

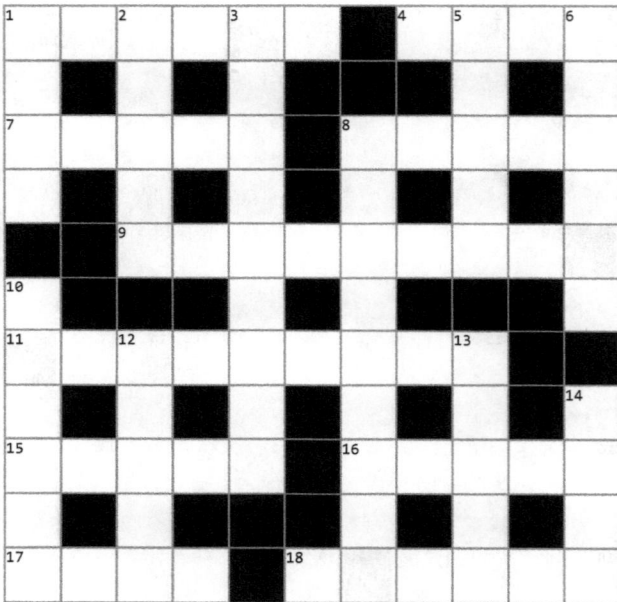

Across

1. to flutter
4. cane
7. *(I)* help
8. false; fake
9. activist
11. *(you will)* retain
15. to sum
16. bomb; pump
17. ass; donkey
18. seals

Down

1. oral
2. debt
3. to cluster; to heap
5. classrooms
6. to season
8. favourable; conducive
10. ridge
12. helm
13. simile
14. *(you/vosotros)* give

No. 82

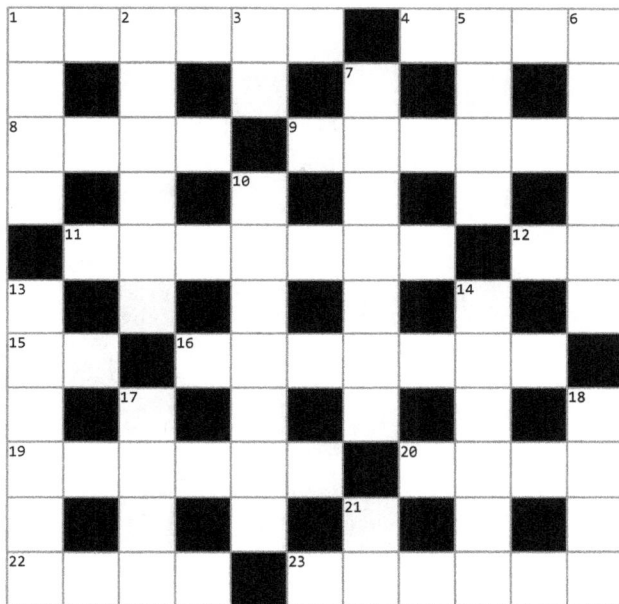

Across
1. thumb
4. stack; heap
8. *(I)* fear
9. bird
11. *(you were)* pulling
12. yes; aye
15. gee
16. mutant
19. *(you/vosotros)* have
20. list
22. real; royal
23. remote

Down
1. foot
2. clean; neat
3. alas
5. *(you were)* going
6. agony
7. bursts
10. to jolt
13. to exhaust
14. ethnic
17. ounce
18. headland; private; cape
21. yourself; tee

No. 83

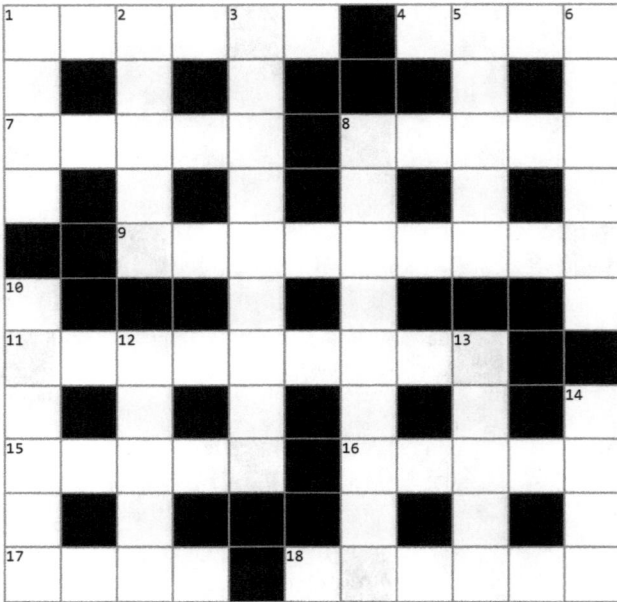

Across
1. closing
4. briefs
7. thug
8. ham
9. light blue (4,5)
11. weasel
15. bowling
16. ideal
17. healthy
18. gold; gilded

Down
1. top; summit
2. *(he)* enters
3. snoring
5. grub; maggot
6. terms
8. pram
10. *(you/tú)* finish
12. melon
13. bee
14. elf

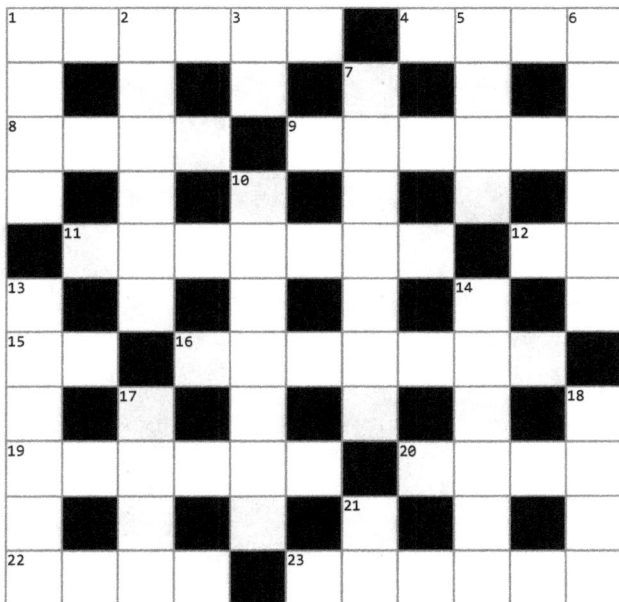

Across
1. to stack
4. dagger
8. clan
9. *(they)* occupy
11. to untie
12. his; her
15. the
16. to trap
19. dodgy
20. asthma
22. *(I)* pray
23. frank; straightforward

Down
1. chest
2. picture; image
3. ace
5. harp
6. although; albeit
7. to cheer
10. punishment; penalty
13. to overcome
14. bother
17. nut; walnut
18. gavel
21. to go

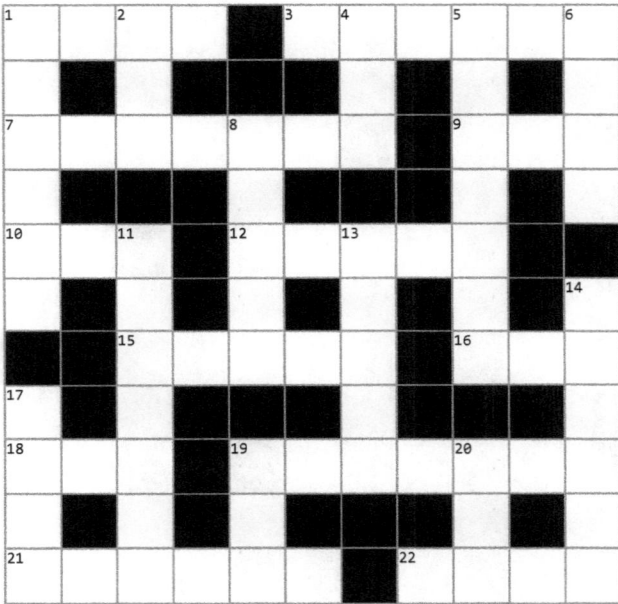

Across

1. gem
3. (we) read
7. written; script
9. jerk
10. garlic
12. pint
15. trot
16. lady
18. gene
19. enemy
21. to rain
22. choir; chorus; ca

Down

1. (you/tú) play
2. yak
4. echo
5. rattle
6. tails
8. unholy
11. (I) obtain
13. nine
14. clumsy
17. clever; agile
19. axis
20. gone

No. 86

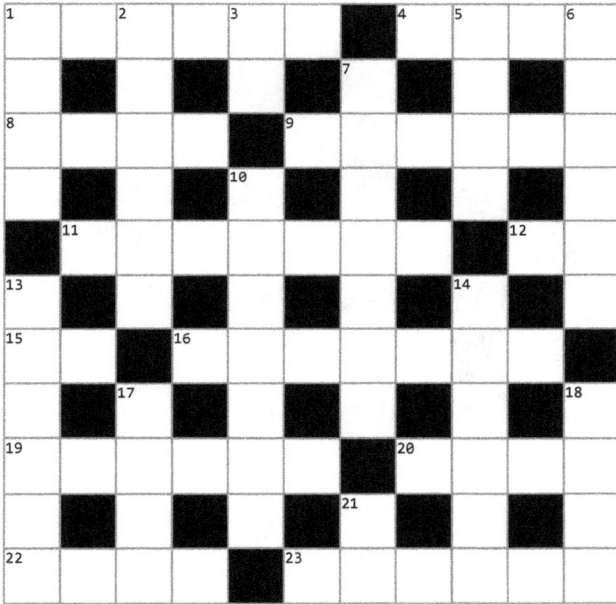

Across

1. *(I)* offered
4. *(you/tú)* laugh
8. lay
9. noodle
11. adults
12. already
15. *(I)* saw
16. onion
19. crime
20. floor; deck
22. rude
23. infamous

Down

1. pot
2. stiff
3. cue
5. item
6. to hiss
7. pilots
10. client; patron
13. to evade; to dodge
14. *(he)* forgets
17. avalanche
18. motto; mockery
21. in; at

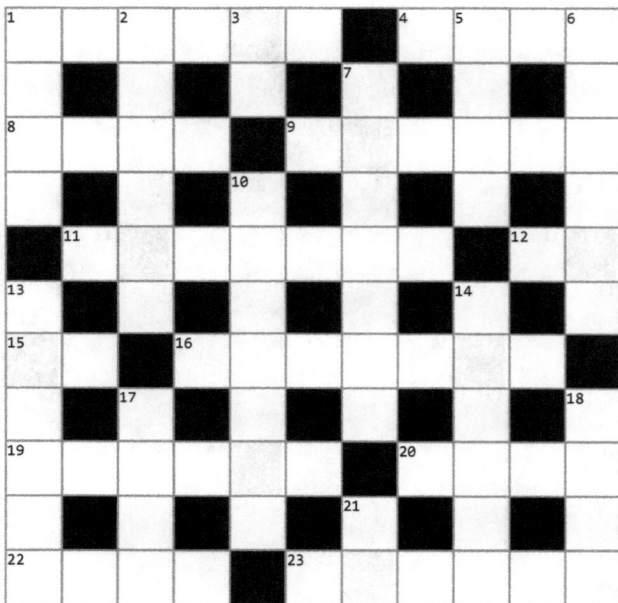

Across

1. lucid
4. can
8. here
9. march
11. birdsong
12. herself; yourselves
15. (I) know
16. (you will) come
19. to isolate
20. (I) turn
22. to roast; to grill
23. campfire

Down

1. loyal
2. crosses
3. from
5. bow; arch
6. (you/tú) add
7. calm
10. to alter
13. flake
14. satire
17. shaft
18. grave; pit
21. I

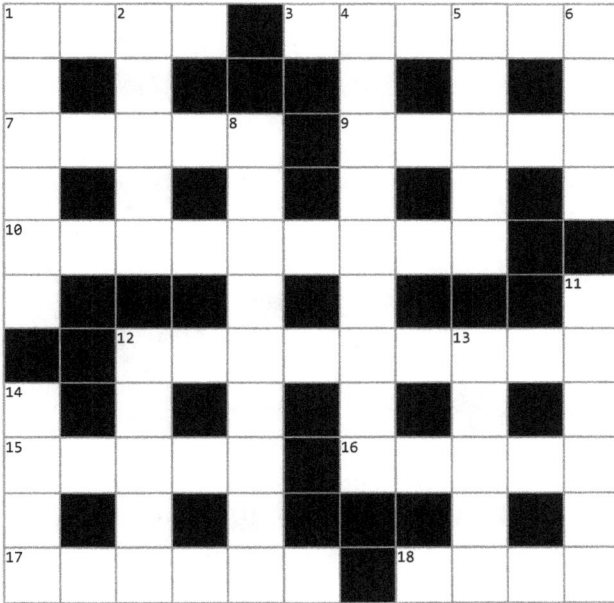

Across

1. *(I)* drank
3. disdain
7. *(I was)* believing
9. final; finale
10. agreed (2,7)
12. drivel
15. stage
16. scourge
17. to reminisce
18. hello; hi

Down

1. mouthful
2. scrub
4. nurse
5. dense
6. void
8. *(I was)* holding
11. wait
12. booze
13. idol
14. eyebrow

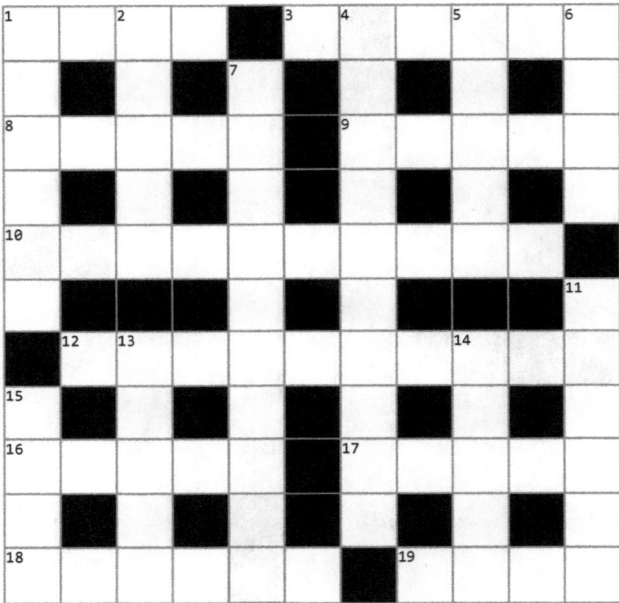

Across
1. wow
3. pleasure
8. *(you/tú)* kill
9. prize; spoil
10. *(I will)* discover
12. *(you will)* walk
16. button; bud
17. *(I)* avoid
18. loves
19. pose

Down
1. moan; groan
2. acts
4. liberties
5. to quote
6. reindeer
7. student
11. *(he)* chooses
13. *(I)* act
14. success
15. play

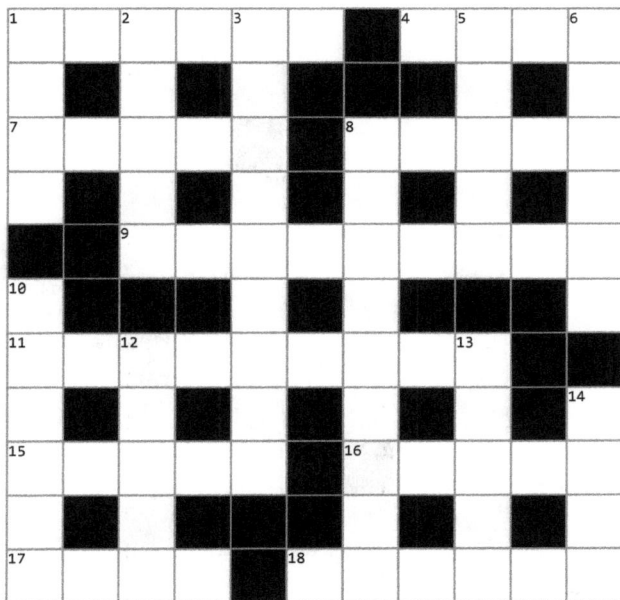

Across

1. treasure; treasury
4. cover
7. spear; lance
8. to know
9. through (1,6,2)
11. to recover; to retrieve
15. to doubt
16. endowments
17. soda
18. to adore

Down

1. cloth
2. path
3. to rally; t
5. both
6. to engage; to attract
8. severity
10. bleachers
12. elbows
13. to revolve
14. to use

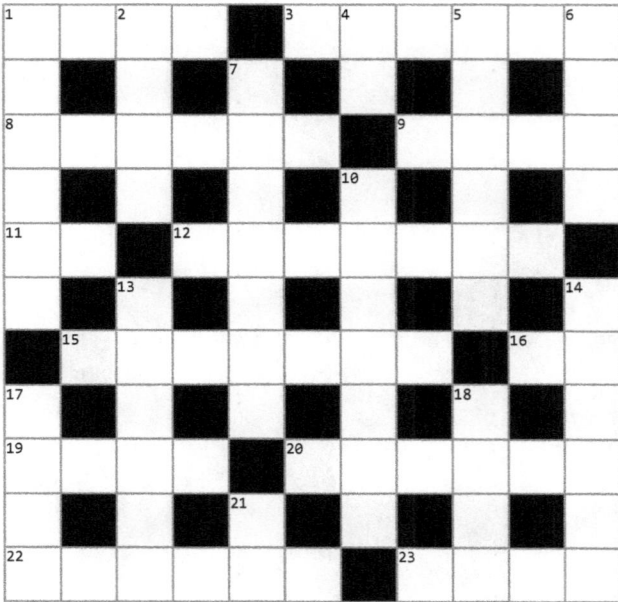

Across

1. arrest
3. stump
8. week
9. *(they were)* hearing
11. *(I)* give
12. to buy; to purchase
15. *(they)* doubted
16. nor
19. focus
20. to sweep
22. nerve
23. snag

Down

1. heavy; hefty
2. branch
4. an
5. climax
6. ass; donkey
7. to focus
10. to approve
13. to darn
14. leg
17. want
18. to depart
21. my

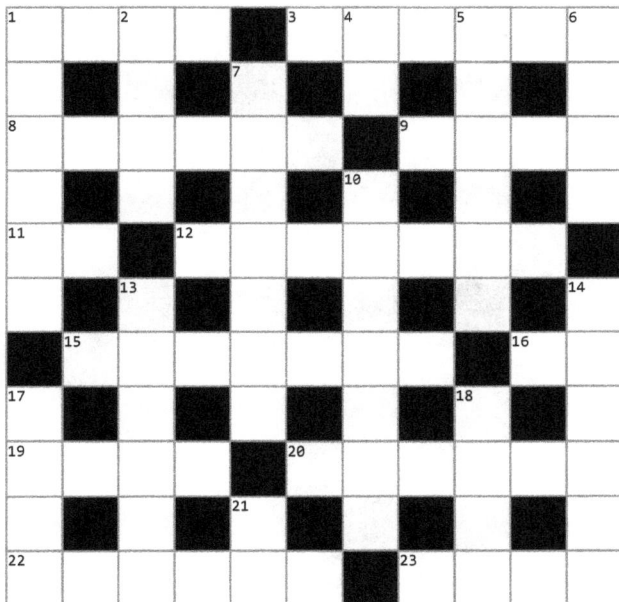

Across

1. vote; vow
3. tin
8. to arise
9. drop
11. your
12. schedule; timetable
15. *(they)* seem
16. if
19. headland; private; cape
20. necklace
22. to anger
23. lure

Down

1. visit; visitor
2. *(I)* pull
4. yes; aye
5. to abolish
6. oral
7. rags
10. maker
13. change
14. *(I)* close
17. scathing
18. moose
21. *(he)* goes

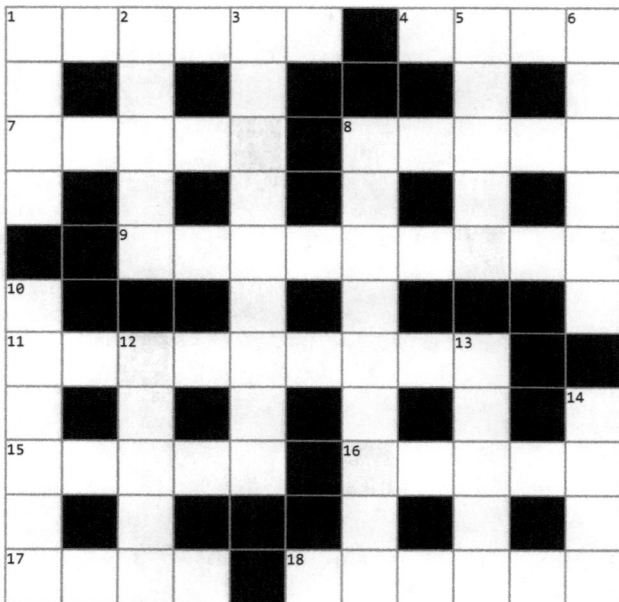

Across

1. *(you/vosotros)* touch
4. wax
7. ruin
8. easy; effortless
9. housewife (3,2,4)
11. ghosts
15. *(I)* send
16. negress
17. to plough
18. *(you/tú)* miss

Down

1. list
2. lass
3. unfinished
5. gum
6. to howl
8. faithfully
10. out
12. girlfriend; bride
13. to reap
14. chaos

No. 94

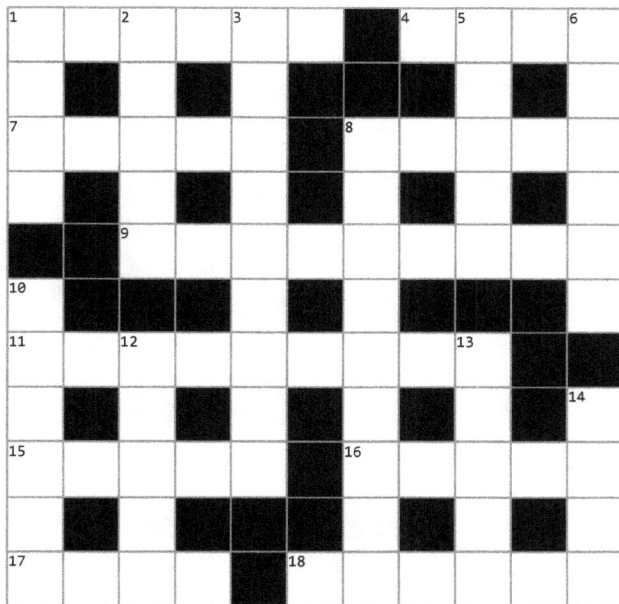

Across
1. husband
4. *(they)* love
7. to pull; to sling
8. to pose
9. barrister
11. republic
15. cable
16. fence; near; nigh
17. atheist
18. cool; fresh

Down
1. shrub
2. rural
3. blimp
5. months
6. normal; mainstream
8. to pinch
10. grace
12. poor
13. aback
14. toad

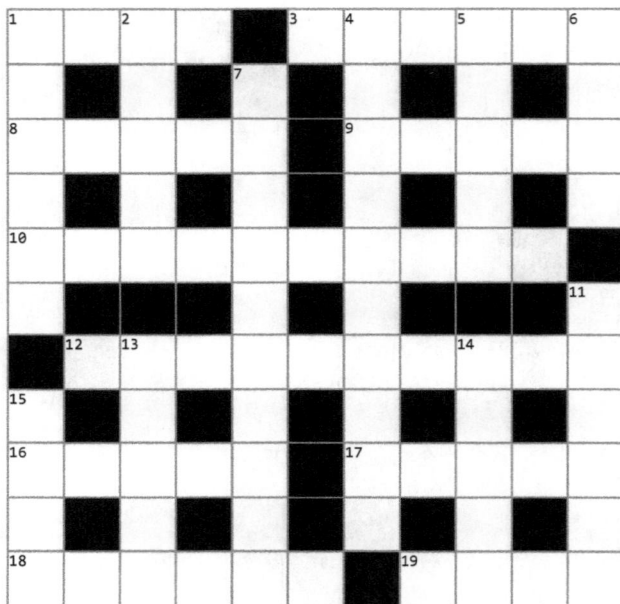

Across

1. *(he)* fell
3. merger
8. filth
9. heel
10. to crack
12. to enrich
16. to flaunt
17. bun
18. merry; joyful
19. jealousy

Down

1. *(you were)* eating
2. yoghurt
4. afterlife
5. islands
6. infant
7. to deteriorate
11. stuffy; brisk
13. night
14. street
15. dawn

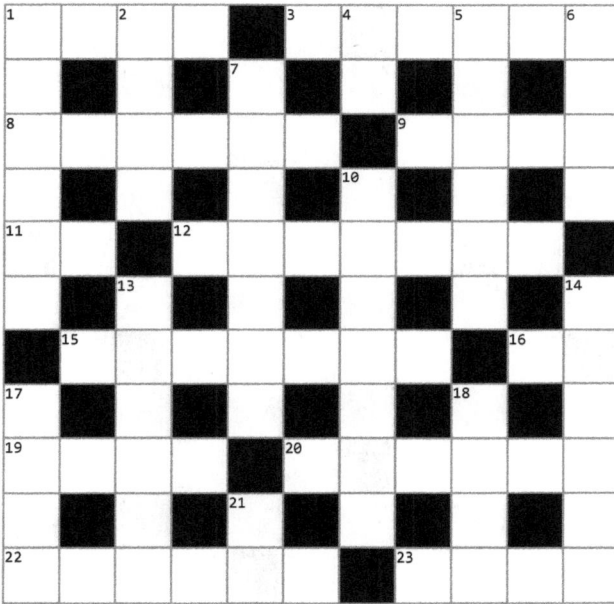

Across

1. magician; wizard
3. unit; unity
8. to rear
9. gender
11. tea
12. to buzz
15. replica; retort
16. gee
19. aunts
20. *(he will)* put
22. *(you/tú)* wear
23. waltz

Down

1. dead
2. *(I)* led
4. not; no
5. to drain
6. god
7. plum
10. tractor
13. condolences
14. *(you/vosotros)* pray
17. useful
18. idea
21. already

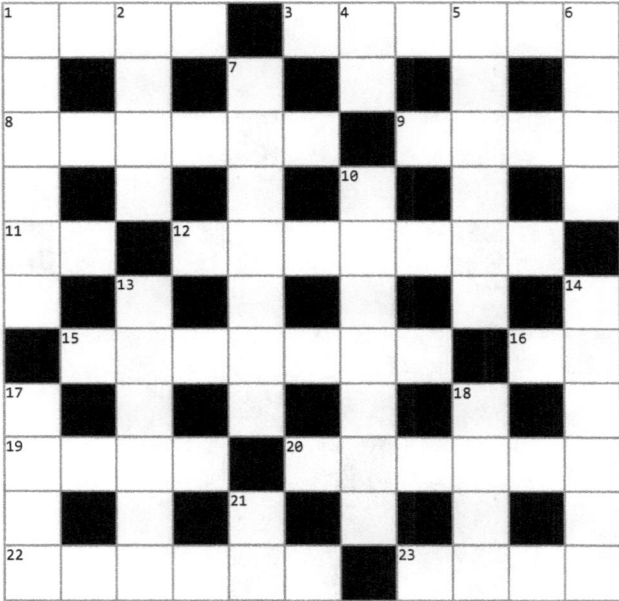

Across

1. *(he)* knew
3. temples
8. to split; to partition
9. pad
11. alas
12. to expand
15. reel
16. you
19. leisure
20. input
22. *(he)* added
23. snare

Down

1. to blow
2. pyre
4. to go
5. bottom; hinder
6. tails
7. always; ever
10. banana
13. fare
14. sketch
17. gem
18. crib; cradle
21. *(I)* saw

No. 98

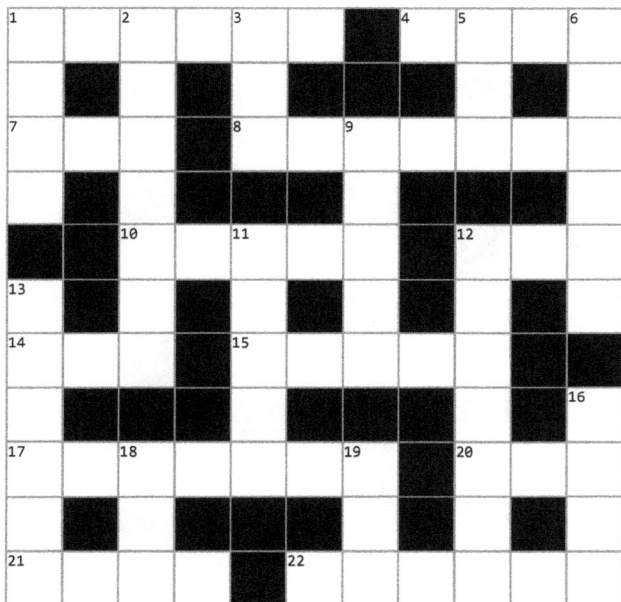

Across
1. mush
4. trio
7. garlic
8. to order; to dictate
10. *(you will)* say
12. jerk
14. encore
15. until; till
17. eventually (2,5)
20. echo
21. oboe
22. remote

Down
1. wrap; shawl
2. clusters
3. peep
5. rum
6. *(he)* offers
9. dose
11. hostage
12. hind
13. hug; cuddle
16. choir; chorus; ca
18. ugly
19. *(he)* reads

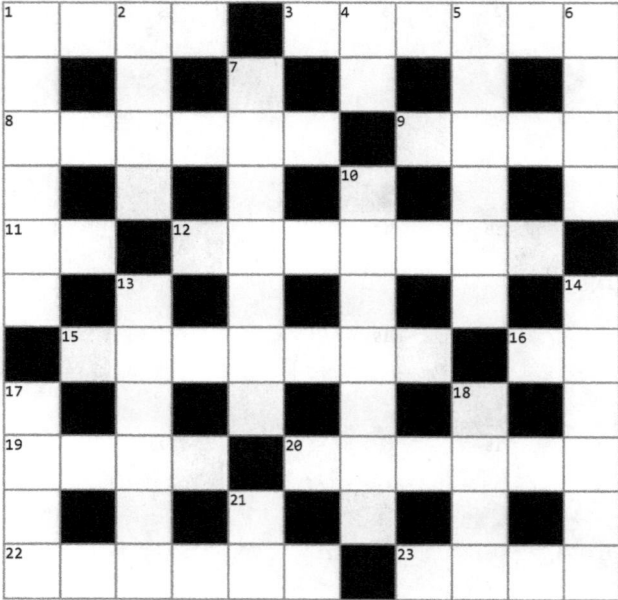

Across

1. here
3. *(you/vosotros)* fear
8. array
9. well; asset
11. cue
12. *(we)* did
15. scissors
16. the
19. wave
20. suitcase
22. flashing
23. healthy

Down

1. advance
2. nails
4. in; at
5. successes
6. bosom
7. limits
10. footprints
13. rock; stone
14. ally
17. golf
18. vein
21. me; myself

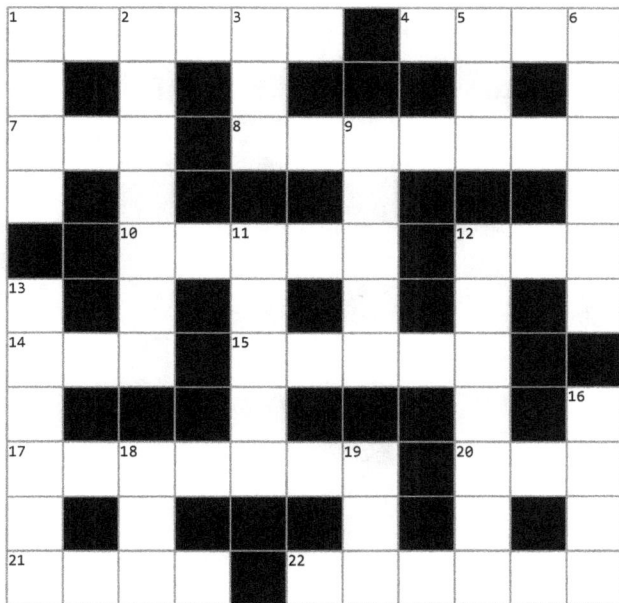

Across

1. (you/vosotros) drink
4. urn
7. bus
8. obscene
10. ideal
12. lady
14. gene
15. networks
17. support; supporter
20. ode
21. ounce
22. rest

Down

1. drool
2. bastion
3. gone
5. (he) laughs
6. to adore
9. health; c
11. mistake; blunder
12. anxious
13. August
16. satin
18. peace
19. axis

No. 101

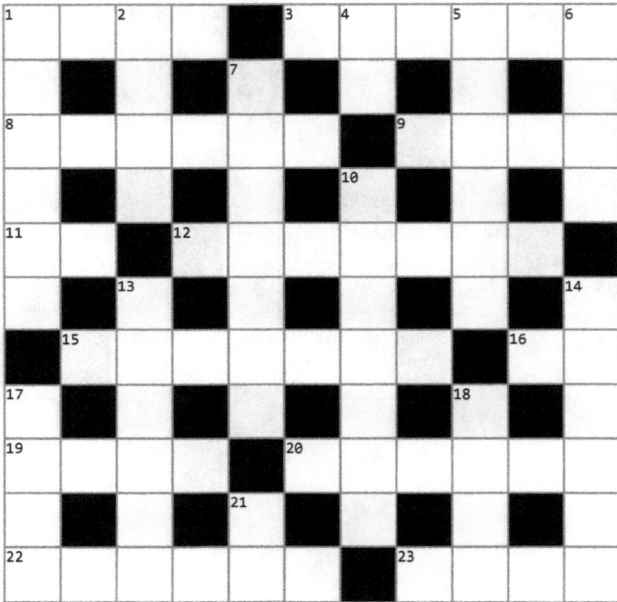

Across
1. coma
3. to season
8. logic
9. eyebrow
11. yourself; tee
12. fern
15. plumbing
16. he
19. *(I)* follow
20. litter
22. to sip
23. gauze

Down
1. creek
2. crumb
4. *(I)* give
5. gap; breach
6. real; royal
7. to access
10. *(you were)* having
13. to charge
14. surge
17. those
18. finish; goal
21. from

No. 102

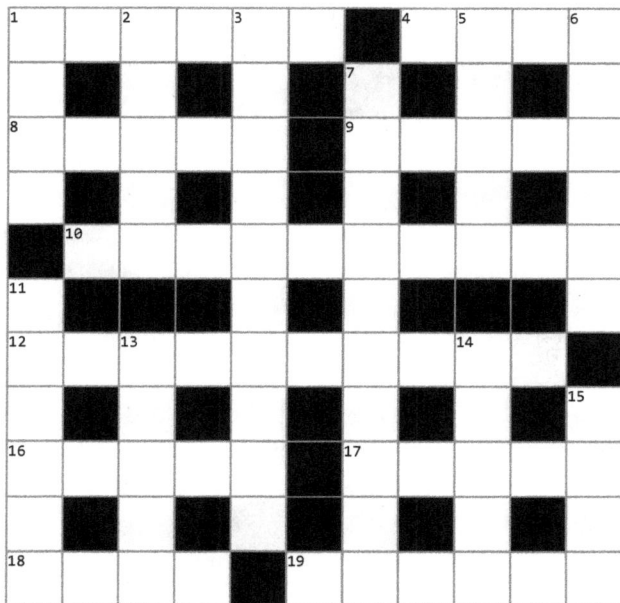

Across
1. object
4. expensive
8. poised
9. sow
10. suspicious
12. expatriate
16. *(he)* saves
17. legal
18. reindeer
19. armed

Down
1. pot
2. just
3. to trumpet
5. sour
6. *(we were)* hearing
7. to knife
11. to think
13. pollen
14. dogma
15. elf

No. 103

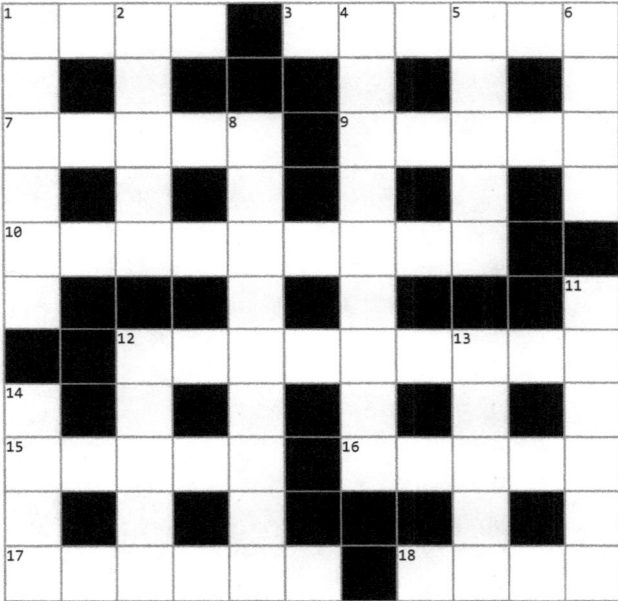

Across

1. top; summit
3. tastes
7. to pass; to render
9. *(you were)* going
10. flattering; agreeable
12. ministers
15. corny
16. lens
17. *(I will)* miss
18. parlor

Down

1. dome
2. tables
4. universal
5. booze
6. soda
8. to abandon; to resign
11. wait
12. to look; to watch
13. rent
14. scathing

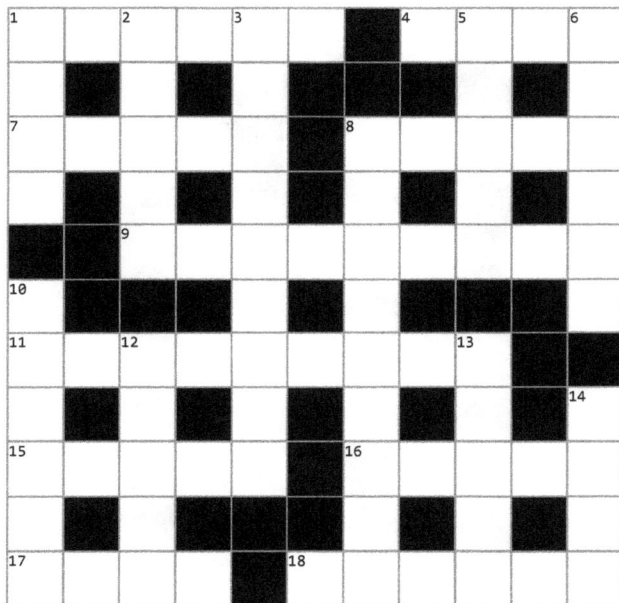

Across
1. heads
4. bean
7. to create
8. *(I)* arrive
9. *(I was)* reaching
11. outsider
15. trait
16. actor
17. steady; sleek
18. rare; scarce

Down
1. pick; peak
2. granddaughter
3. attractive
5. fin
6. to score
8. *(you were)* throwing
10. doorstep
12. laughs
13. oyster
14. bow; arch

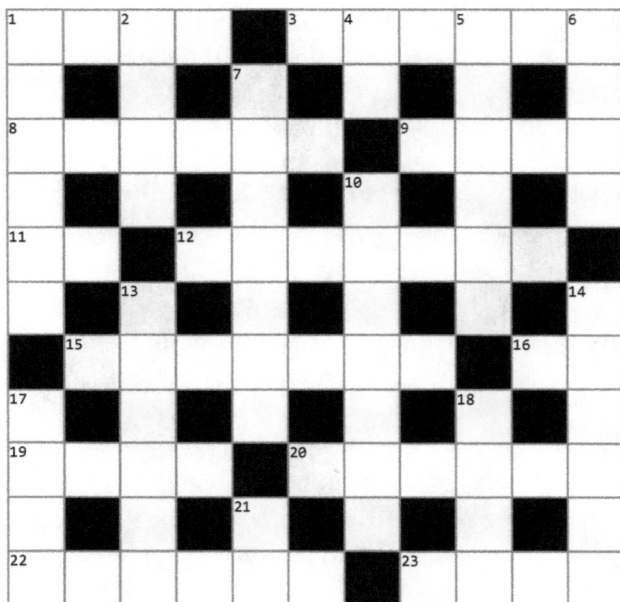

Across

1. hello; hi
3. navy
8. goats
9. stack; heap
11. nor
12. to reopen
15. to point; to signal
16. faith
19. hiccups
20. *(they will)* fall
22. fires
23. basis; base

Down

1. mow
2. wolf
4. ace
5. start; outset
6. to plough
7. to manage
10. to hug; to embrace
13. grit
14. twenty
17. chef
18. harp
21. I

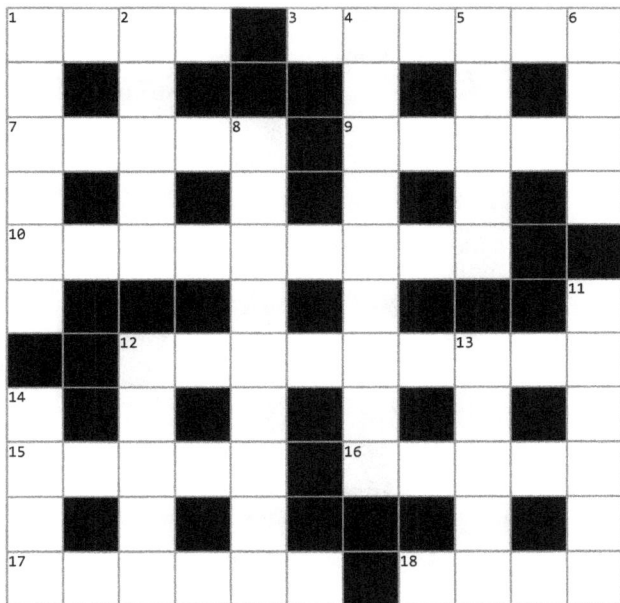

Across
1. line; thread
3. violin; fiddle
7. prize; spoil
9. argan
10. innovative
12. tramp
15. *(they)* pull
16. these
17. to rain
18. crane

Down
1. hubris
2. brass
4. inaudible
5. place
6. infant
8. navigator
11. poetry
12. verse
13. to note
14. useful

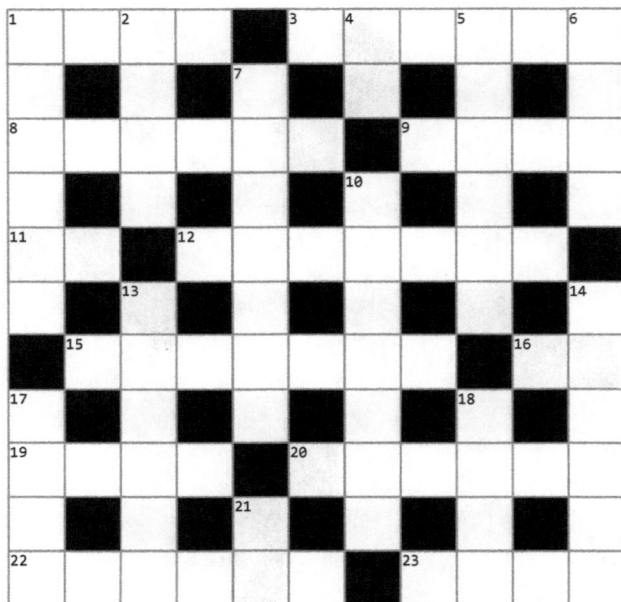

Across

1. ass; donkey
3. *(you/tú)* play
8. fleas
9. taxi
11. to go
12. to influence
15. *(they were)* losing
16. not; no
19. route
20. virtue
22. to anger
23. to unite

Down

1. ample
2. void
4. an
5. grace
6. briefs
7. bait
10. mason
13. center; downtown
14. to bite
17. to depart
18. tuna
21. already

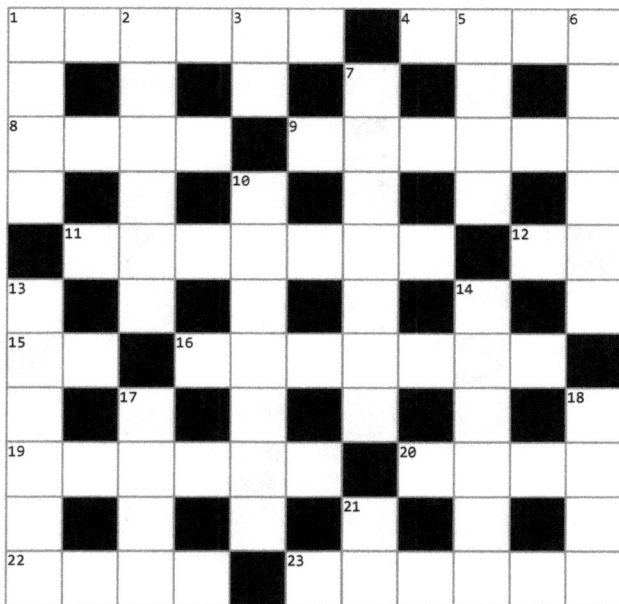

Across

1. tweezers
4. pope
8. drop
9. laziness
11. *(you/tú)* turned
12. *(he)* sees
15. tea
16. *(you will)* stop
19. *(we)* love
20. arrest
22. *(he)* prayed
23. scam

Down

1. snag
2. otter
3. alas
5. atheist
6. *(you/tú)* add
7. *(you were)* feeling
10. killer
13. to engage; to attract
14. camera; chamber
17. root
18. gem
21. you

No. 109

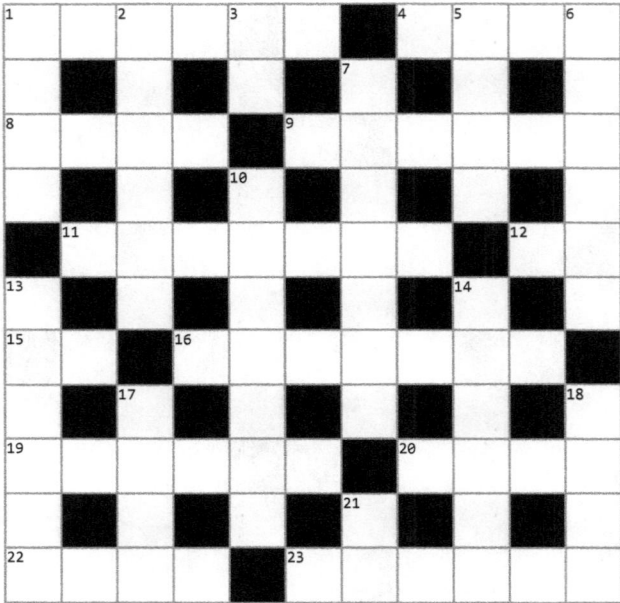

Across

1. tigers
4. *(he)* touches
8. slime
9. iron
11. call
12. gee
15. in; at
16. beggar
19. to test; to prove
20. *(I)* ate
22. oral
23. heroes

Down

1. telly
2. twin
3. the
5. play
6. loves
7. undoubtedly (3,4)
10. to pawn
13. temple
14. unknown
17. default
18. aunts
21. *(I)* know

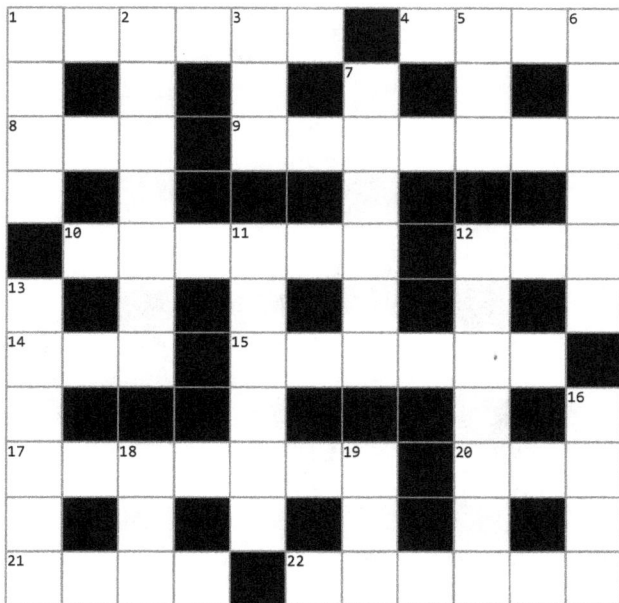

Across

1. achievements
4. bullet
8. lady
9. helped
10. *(they)* laughed
12. gone
14. echo
15. hog
17. *(you/tú)* feared
20. hassle
21. dash; streak
22. rest

Down

1. loyal
2. granite
3. ode
5. handle
6. supports
7. fifteen
11. ledge; mantelpiece
12. uneducated
13. to feel
16. snot
18. very
19. axis

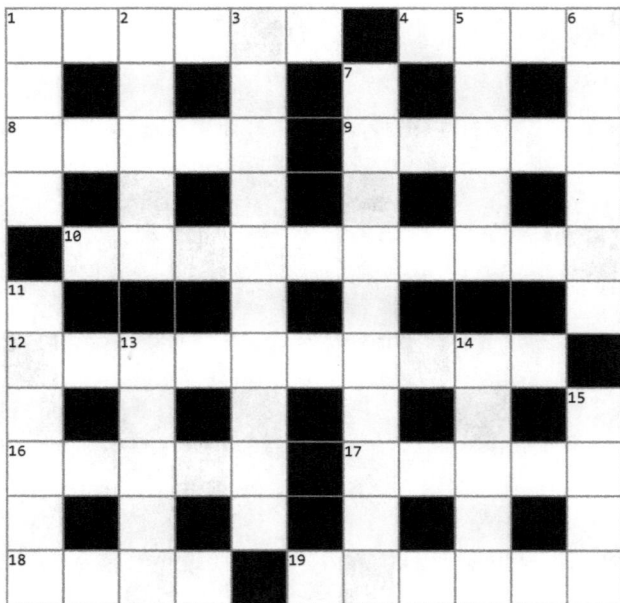

Across

1. doubted
4. *(I)* follow
8. groin
9. valley
10. socialist
12. *(they will)* explain
16. cant; slang
17. icon
18. healthy
19. endorsement

Down

1. *(you/vosotros)* give
2. worthy; dignified
3. seventeen
5. islands
6. to operate
7. assessment; evaluation
11. *(you were)* reading
13. *(they)* pay
14. atom
15. choir; chorus; ca

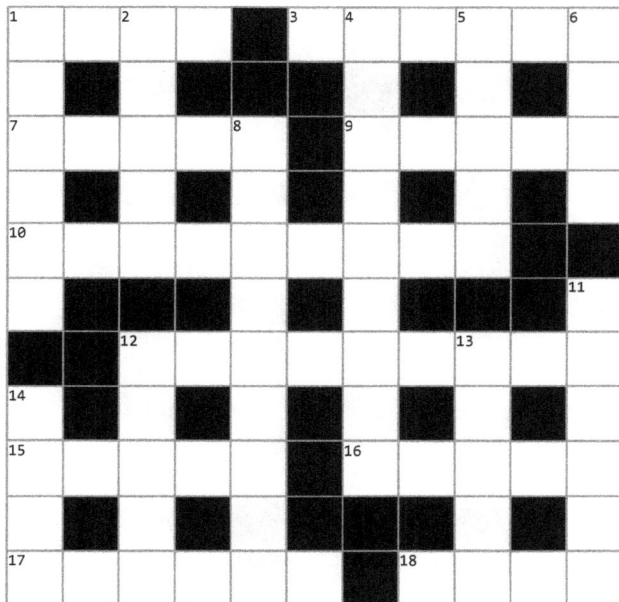

Across

1. waltz
3. port; haven
7. to eat
9. unholy
10. fit; appropriate
12. to stress
15. tights
16. level
17. *(they)* heard
18. cat; jack

Down

1. to empty
2. to lick
4. location
5. abduction
6. oboe
8. sudden
11. shine; glitter
12. dim; bland
13. girlfriend; bride
14. apt

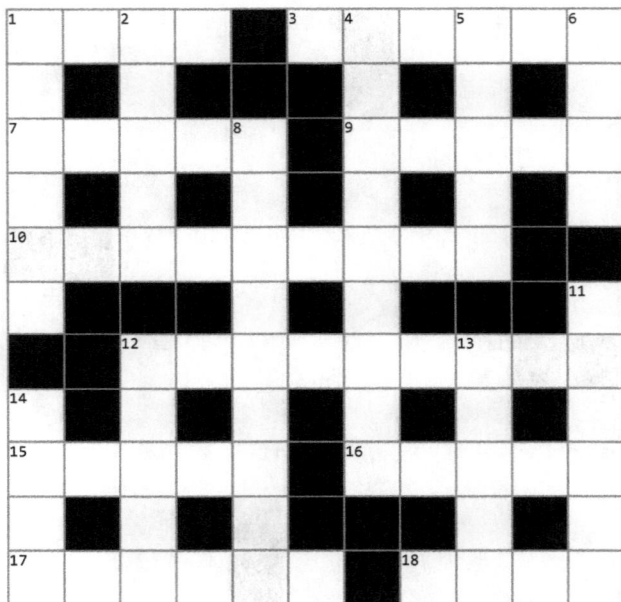

Across

1. *(he)* drinks
3. to staple
7. cost
9. cult
10. to thank; to appreciate
12. to build; to construct
15. to steal
16. noise
17. spit
18. steal; theft

Down

1. to dive
2. to kiss
4. to resurrect
5. to sin
6. real; royal
8. ordinary
11. stuffy; brisk
12. zebra
13. united
14. urn

No. 114

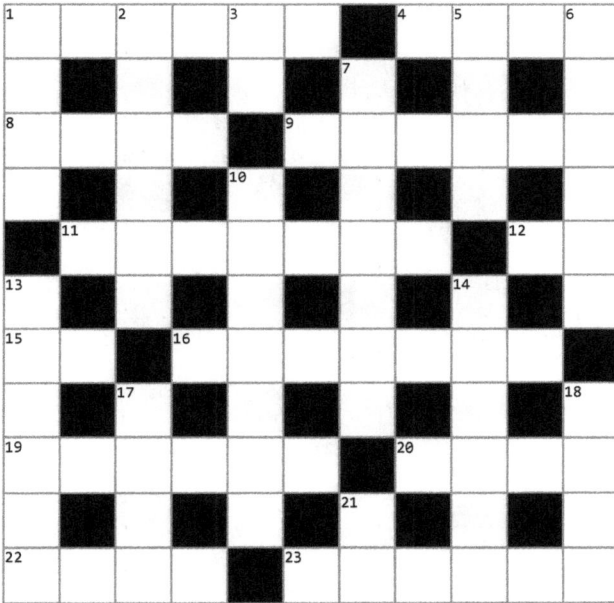

Across
1. *(he)* kept
4. rat
8. *(he)* killed
9. morning; tomorrow
11. racist
12. *(he)* goes
15. he
16. to press
19. sly; astute
20. *(he)* ceases
22. *(he)* misses
23. land; earth; dirt

Down
1. jewel
2. *(you/tú)* act
3. from
5. to love
6. *(you/tú)* finish
7. martini
10. booklet
13. condolences
14. to kick
17. to tie; to bundle
18. can
21. my

No. 115

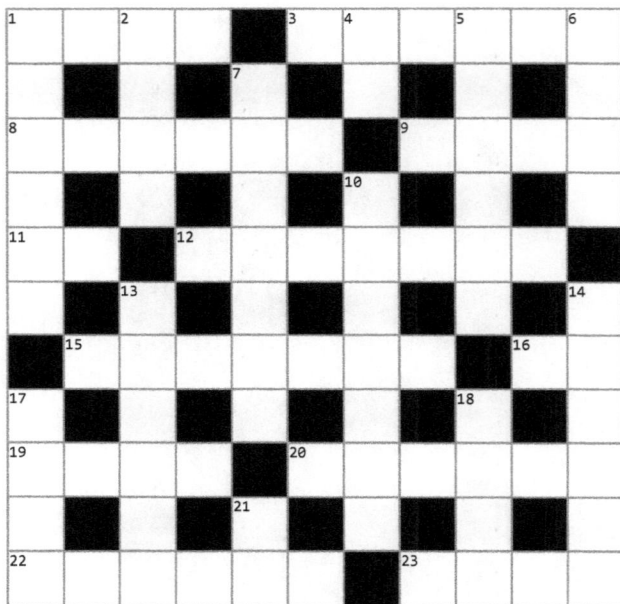

Across

1. *(he will)* say
3. head
8. benches
9. scuffle
11. your
12. swimsuit
15. cyanide
16. his; her
19. lure
20. *(you were)* living
22. smells
23. toilet

Down

1. debate; contest
2. reindeer
4. ace
5. publisher
6. to roast; to grill
7. cocaine
10. *(you will)* fall
13. devil; fiend
14. booth; outpost
17. leisure
18. uncles
21. yourself; tee

No. 116

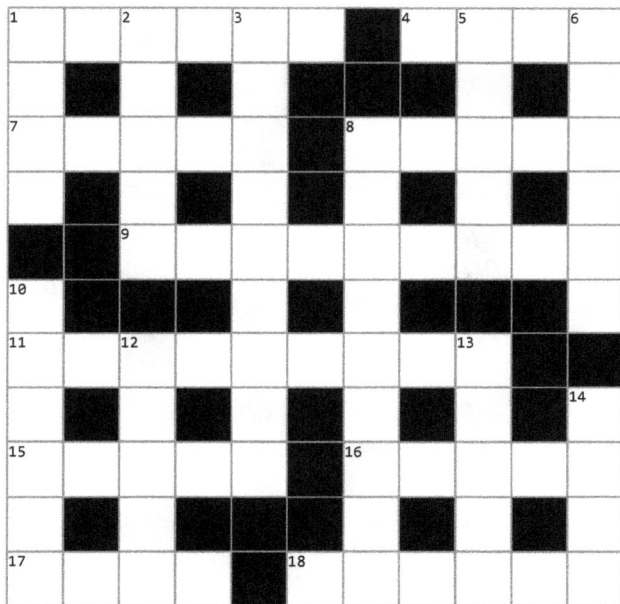

Across
1. to siege
4. wool
7. *(I)* put
8. shower
9. freeway; motorway
11. gains
15. to roar
16. ideal
17. those
18. crown

Down
1. toad
2. ink
3. to cluster; to heap
5. chests
6. to praise
8. depressed
10. hold
12. black
13. serum
14. pot

No. 117

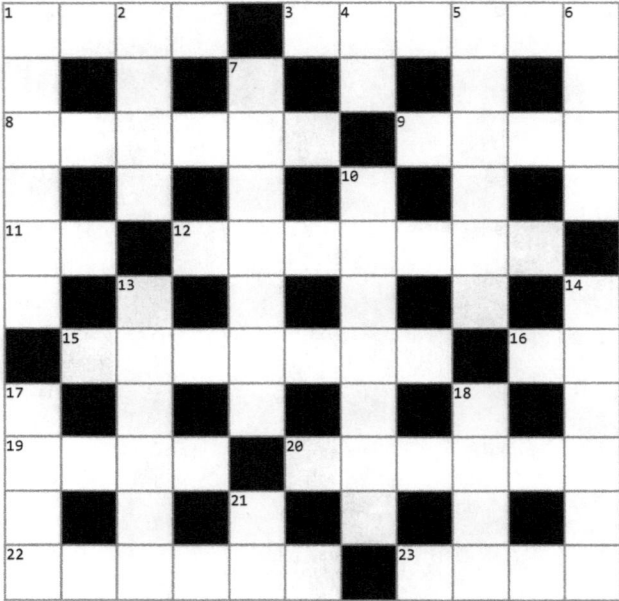

Across

1. hoax
3. *(they)* send
8. luxurious
9. pose
11. cue
12. tractor
15. to camp
16. me; myself
19. cone
20. *(they)* throw
22. to anger
23. moose

Down

1. belligerent
2. luxury
4. nor
5. idols
6. nut; walnut
7. fencing
10. to cheer
13. accent
14. twenty
17. scathing
18. blue
21. already

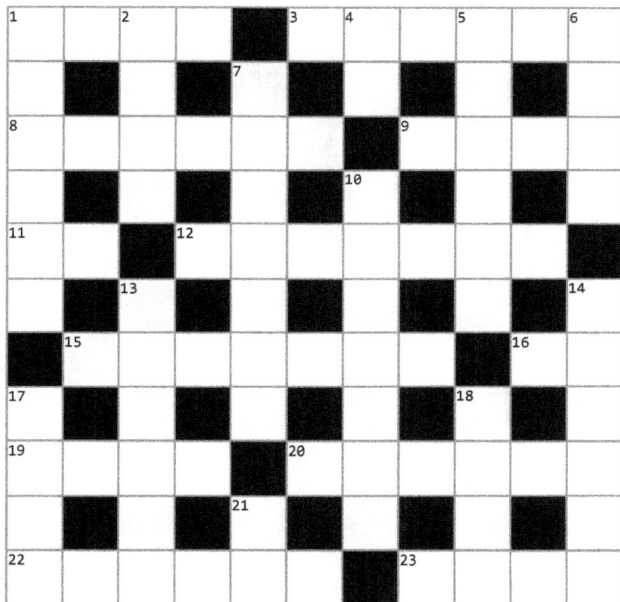

Across

1. mud
3. *(he will)* lead
8. improvement
9. *(I)* came
11. tea
12. to choke; to smother
15. *(you will)* believe
16. not; no
19. motto; mockery
20. subsidiary
22. to arise
23. wave

Down

1. bound; limit
2. *(I)* leave
4. an
5. to smooth
6. area
7. blunders
10. volatile
13. to trot
14. towel
17. *(you/tú)* love
18. well; asset
21. *(I)* saw

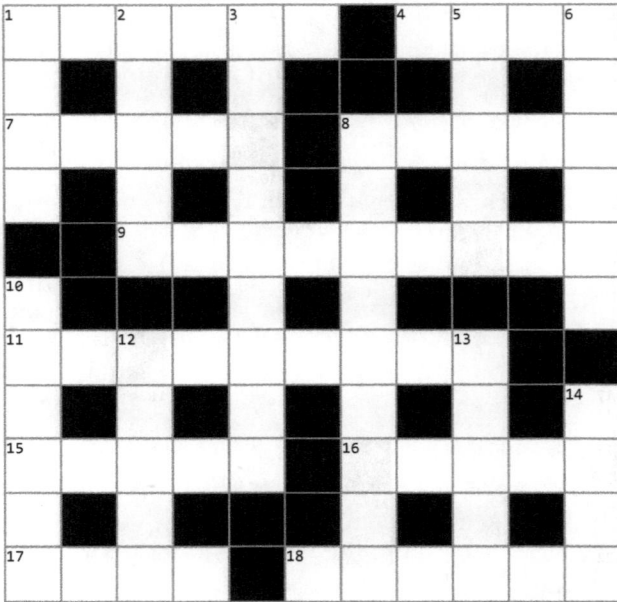

Across

1. pirate
4. cloth
7. to reap
8. sip
9. to approach
11. gunman
15. lip
16. throne
17. satin
18. voiced

Down

1. (I) passed
2. ruler; rule
3. earthquake
5. to stray
6. loves
8. kidnap
10. to appeal
12. (you/tú) know
13. autumn
14. mold

No. 120

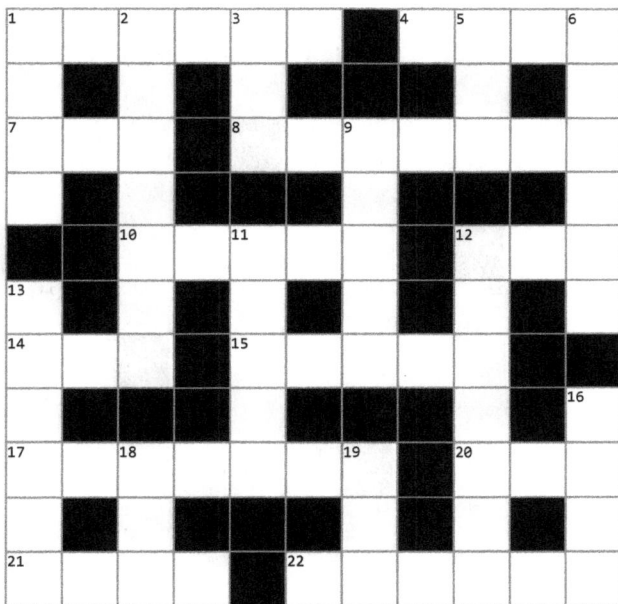

Across
1. bends
4. expensive
7. boom
8. (I will) help
10. rent
12. gene
14. cough
15. joke; jest
17. to review; to overhaul
20. gone
21. oral
22. bluff

Down
1. baby
2. numbers
3. lady
5. handle
6. ocean
9. used
11. clouds
12. lair
13. eternal
16. jar; crock
18. pathway
19. (he) laughs

No. 121

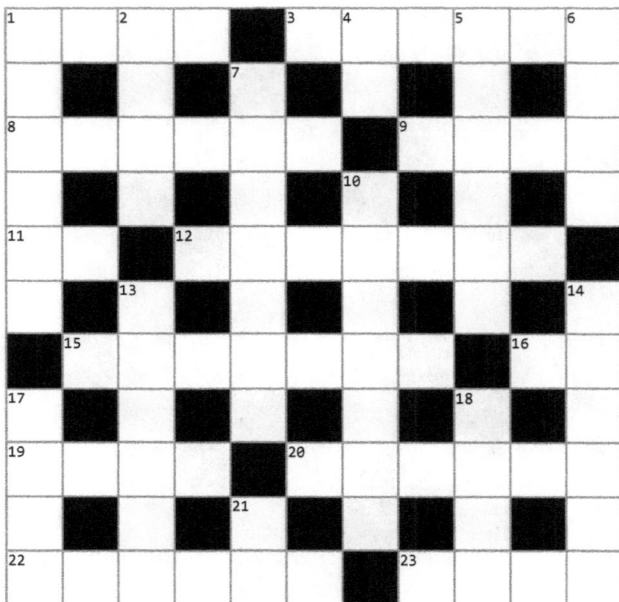

Across

1. pine
3. garden
8. *(they)* save
9. lute
11. in; at
12. greed
15. arrangement
16. if
19. focus
20. ring
22. bottom; hinder
23. endowment; dowry

Down

1. to own; to possess
2. void
4. alas
5. daily; diary
6. nest
7. chaps
10. villain
13. graceful
14. moustache
17. want
18. elf
21. *(he)* gives

No. 122

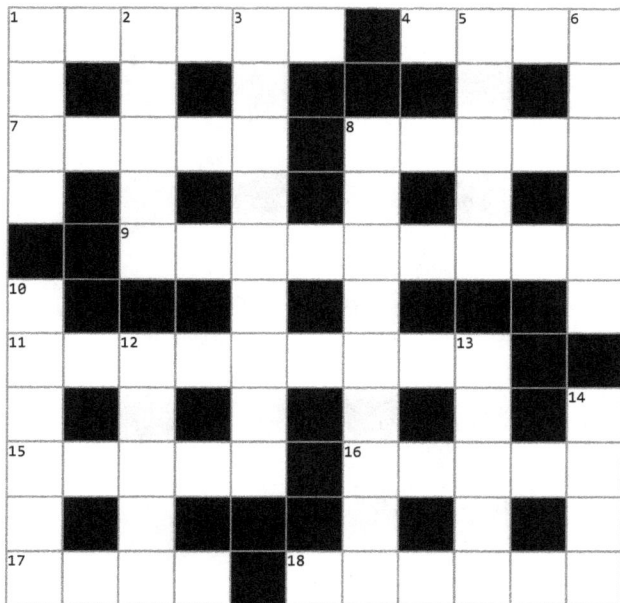

Across
1. hardly; scarcely
4. item
7. plaque
8. to quote
9. bittersweet
11. to practice
15. yoghurt
16. to hate
17. healthy
18. courage

Down
1. harp
2. stage
3. to throng
5. total; overall
6. to bite
8. greedy
10. supports
12. argan
13. ruin
14. to depart

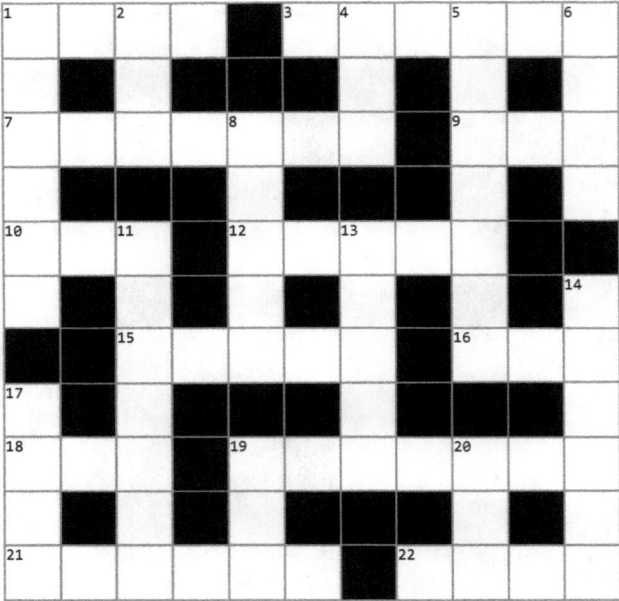

Across
1. (he) read
3. shirt; mantle
7. cod
9. jerk
10. ode
12. to cease
15. late; afternoon
16. (you/vosotros) hear
18. bus
19. promise
21. spit
22. hello; hi

Down
1. lips
2. yak
4. garlic
5. internal
6. bow; arch
8. to flaunt
11. autistic
13. dream; sleep
14. scale
17. play
19. peep
20. echo

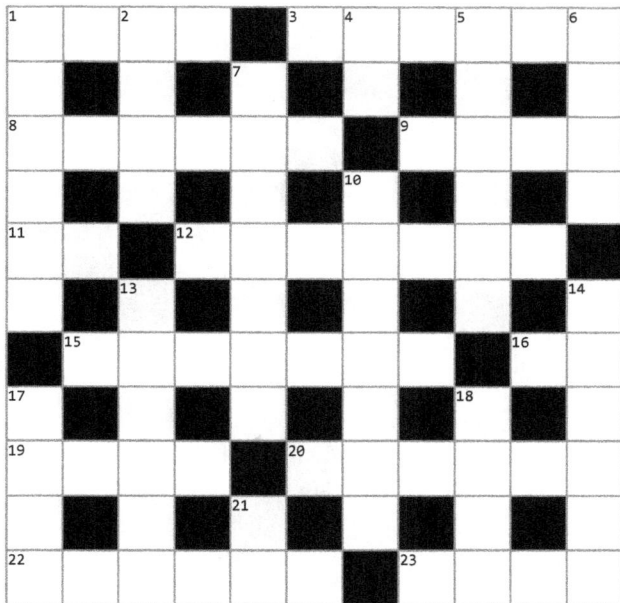

Across

1. clan
3. moreover
8. *(he will)* eat
9. lion
11. the
12. camel
15. *(you/vosotros)* decide
16. he
19. fairy
20. noodle
22. linear
23. frown

Down

1. cars
2. asthma
4. from
5. pier
6. bosom
7. wardrobe; cabinet; cupboard
10. *(you were)* having
13. pardon
14. flashing
17. wrap; shawl
18. infant
21. *(he)* goes

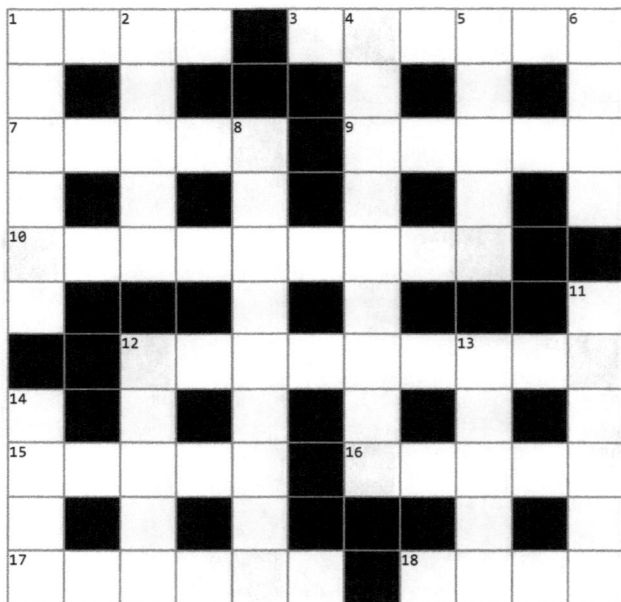

Across

1. top; summit
3. steak
7. *(I was)* living
9. pasta; paste
10. sweets
12. factions
15. baron
16. obvious; blatant
17. *(I will)* miss
18. magician; wizard

Down

1. civic
2. to budge
4. impulsive
5. thesis
6. quack
8. to store
11. sketch
12. hype
13. girlfriend; bride
14. oboe

Solutions

No. 1

h	e	l	a	d	o	■	l	e	ó	n
a	■	á	■	e	■	■	■	j	■	o
b	u	m	■	n	u	c	l	e	a	r
a	■	p	■	■	u	■	■	■	■	m
■	■	a	c	t	o	r	■	a	m	a
v	■	r	■	r	■	s	■	s	■	l
o	d	a	■	u	n	i	d	o	■	■
l	■	■	■	c	■	■	■	c	■	h
c	a	r	r	o	z	a	■	i	d	o
á	■	o	■	■	■	s	■	a	■	l
n	e	n	e	■	p	a	t	r	i	a

No. 2

s	u	p	o	■	a	n	h	e	l	o
ó	■	i	■	a	■	o	■	x	■	b
t	i	r	a	b	a	■	p	a	r	o
a	■	a	■	u	■	b	■	m	■	e
n	i	■	r	e	s	u	m	e	n	■
o	■	c	■	l	■	f	■	n	■	o
■	v	a	l	o	r	a	r	■	a	y
b	■	l	■	s	■	n	■	o	■	e
l	i	m	o	■	e	d	e	c	á	n
o	■	a	■	u	■	a	■	i	■	t
c	o	r	o	n	a	■	p	o	s	e

No. 3

s	a	n	o	■	v	i	a	j	a	r
e	■	u	■	a	■	r	■	u	■	a
l	l	e	g	u	é	■	s	e	x	y
l	■	z	■	m	■	t	■	c	■	a
o	í	■	p	e	r	e	c	e	r	■
s	■	a	■	n	■	r	■	s	■	b
■	p	l	á	t	a	n	o	■	m	i
e	■	o	■	o	■	e	■	a	■	g
s	o	j	a	■	p	r	e	c	i	o
o	■	a	■	v	■	a	■	r	■	t
s	e	r	v	i	r	■	t	e	l	e

No. 4

p	i	n	t	o	r	■	p	a	j	a
a	■	i	■	s	■	c	■	s	■	t
p	u	ñ	o	■	v	a	d	e	a	r
a	■	e	■	r	■	d	■	o	■	a
■	c	r	e	e	r	á	n	■	m	e
e	■	a	■	c	■	v	■	m	■	r
v	a	■	c	o	m	e	r	á	n	■
a	■	o	■	r	■	r	■	r	■	u
d	e	l	i	t	o	■	a	m	a	n
i	■	l	■	e	■	s	■	o	■	i
r	e	a	l	■	d	u	e	l	a	r

No. 5

c	h	e	f	■	c	a	m	i	s	a
ú	■	c	■	p	■	j	■	n	■	m
p	l	o	m	e	r	o	■	v	i	a
u	■	■	■	l	■	■	■	i	■	r
l	í	o	■	e	v	e	n	t	o	■
a	■	p	■	a	■	r	■	a	■	c
■	s	u	f	r	i	r	■	r	í	e
o	■	e	■	■	■	a	■	■	■	r
b	i	s	■	d	e	b	a	t	i	r
r	■	t	■	ú	■	a	■	o	■	a
a	p	o	y	o	s	■	u	s	a	r

No. 6

b	a	t	u	t	a	■	c	e	j	a
a	■	a	■	r	■	■	■	n	■	i
s	a	l	s	a	■	d	o	t	e	s
e	■	a	■	v	■	e	■	r	■	l
■	■	r	e	e	m	p	l	a	z	a
a	■	■	■	s	■	o	■	■	■	r
c	o	n	q	u	i	s	t	a	■	■
a	■	u	■	r	■	i	■	c	■	e
b	e	b	í	a	■	t	o	t	a	l
a	■	e	■	■	■	a	■	o	■	f
s	o	s	a	■	f	r	e	s	c	o

Solutions

No. 7

h	i	p	o	■	b	a	r	m	a	n
í	■	i	■	c	■	s	■	á	■	u
g	r	a	v	a	r	■	á	g	i	l
a	■	r	■	n	■	e	■	i	■	o
d	e	■	m	a	t	r	a	c	a	■
o	■	c	■	r	■	r	■	o	■	r
■	m	o	n	i	t	o	r	■	f	e
a	■	m	■	o	■	r	■	p	■	s
s	a	p	o	■	m	e	d	i	d	a
m	■	r	■	s	■	s	■	l	■	c
a	b	o	l	i	r	■	b	a	j	a

No. 8

t	r	a	g	a	r	■	c	a	b	e
í	■	l	■	s	■	a	■	r	■	l
a	r	a	d	o	■	n	o	c	h	e
s	■	n	■	c	■	a	■	a	■	v
■	s	o	c	i	a	l	i	s	t	a
c	■	■	■	a	■	f	■	■	■	r
a	n	u	n	c	i	a	d	o	r	■
í	■	s	■	i	■	b	■	s	■	a
a	y	u	d	ó	■	e	s	t	o	s
i	■	a	■	n	■	t	■	r	■	t
s	a	l	a	■	t	o	c	a	b	a

No. 9

r	o	b	o	■	s	o	m	b	r	a
e	■	r	■	■	b	■	o	■	s	
b	r	u	j	o	■	s	a	l	v	a
o	■	j	■	b	■	t	■	o	■	r
t	r	a	g	e	d	i	a	s	■	
e	■	■	■	d	■	n	■	■	■	h
■	p	r	i	m	a	v	e	r	a	
í	■	a	■	e	■	d	■	t	■	g
t	i	r	ó	n	■	o	j	a	l	á
e	■	a	■	t	■	■	p	■	i	
m	a	r	g	e	n	■	c	a	o	s

No. 10

t	e	m	í	■	d	i	r	é	i	s
í	■	o	■	■	n	■	x	■	e	
p	o	n	e	n	■	g	u	i	o	n
i	■	j	■	e	■	e	■	t	■	o
c	r	e	s	c	e	n	d	o	■	
o	■	■	■	e	■	i	■	■	■	t
■	s	o	s	p	e	c	h	a	r	
v	■	i	■	i	■	r	■	a	■	u
a	r	g	o	t	■	o	e	s	t	e
l	■	u	■	a	■	■	t	■	n	
s	u	e	g	r	o	■	g	a	t	o

No. 11

k	o	s	h	e	r	■	t	a	p	a
i	■	i	■	l	■	s	■	ñ	■	m
l	a	g	o	■	c	ó	d	i	g	o
o	■	i	■	e	■	r	■	l	■	r
■	a	l	a	m	o	d	a	■	t	e
a	■	o	■	p	■	i	■	a	■	s
d	i	■	b	a	n	d	a	d	a	■
o	■	v	■	p	■	o	■	u	■	c
r	e	i	n	a	r	■	f	a	r	o
a	■	v	■	r	■	y	■	n	■	r
r	a	í	z	■	p	a	y	a	s	o

No. 12

v	a	d	o	■	s	e	m	a	n	a
a	■	i	■	m	■	s	■	g	■	m
c	h	e	l	o	■	c	e	r	r	é
i	■	t	■	d	■	r	■	i	■	n
a	p	a	r	e	c	i	m	o	s	■
r	■	■	■	r	■	b	■	■	■	n
■	a	c	a	n	t	i	l	a	d	o
ú	■	a	■	i	■	r	■	s	■	o
t	i	r	a	s	■	á	n	i	m	a
i	■	n	■	m	■	s	■	l	■	t
l	e	e	m	o	s	■	m	o	h	o

Solutions

No. 13

s	ó	t	a	n	o	█	c	u	a	c
e	█	a	█	i	█	g	█	r	█	r
c	e	b	o	█	b	r	o	n	c	e
a	█	a	█	a	█	a	█	█	█	c
█	a	c	t	u	a	d	o	█	v	e
a	█	o	█	m	█	u	█	p	█	r
s	e	█	h	e	l	a	d	a	s	█
a	█	s	█	n	█	l	█	r	█	i
d	i	e	n	t	e	█	l	a	ú	d
o	█	x	█	o	█	y	█	d	█	e
r	a	y	a	█	p	o	s	a	d	a

No. 14

o	i	r	é	█	v	a	d	e	a	r
f	█	i	█	p	█	y	█	v	█	a
r	e	z	á	i	s	█	v	a	i	s
e	█	o	█	z	█	p	█	d	█	o
c	u	█	g	a	l	a	x	i	a	█
e	█	a	█	r	█	r	█	r	█	c
█	a	l	a	r	i	d	o	█	n	o
f	█	e	█	a	█	e	█	b	█	m
l	e	g	o	█	m	a	t	i	n	é
a	█	r	█	u	█	r	█	c	█	i
p	i	e	r	n	a	█	m	i	e	s

No. 15

t	e	n	d	r	á	█	l	i	m	o
i	█	i	█	i	█	█	d	█	p
r	o	n	█	o	m	i	n	o	s	o
a	█	g	█	█	c	█	█	█	n
█	█	u	s	a	d	o	█	e	j	e
f	█	n	█	t	█	n	█	n	█	r
a	j	o	█	a	z	o	t	e	█	█
c	█	█	ú	█	█	r	█	o
i	m	p	e	d	í	a	█	g	e	n
a	█	a	█	█	m	█	í	█	d
l	o	z	a	█	m	a	n	a	d	a

No. 16

r	u	b	í	█	s	a	b	í	a	n
e	█	r	█	█	f	█	d	█	e
c	a	í	d	a	█	l	l	o	r	ó
a	█	o	█	r	█	i	█	l	█	n
d	e	s	p	r	e	c	i	o	█	█
o	█	█	█	a	█	c	█	█	█	t
█	█	d	e	s	t	i	l	a	d	o
a	█	o	█	t	█	ó	█	l	█	a
c	o	l	o	r	█	n	a	t	a	l
r	█	e	█	a	█	█	a	█	l
e	r	r	a	r	e	█	o	r	l	a

No. 17

p	é	s	a	m	e	█	a	z	u	l
i	█	e	█	i	█	█	a	█	l
c	o	r	s	é	█	c	a	n	t	o
o	█	e	█	r	█	o	█	j	█	r
█	█	s	o	c	i	o	p	a	t	a
a	█	█	█	o	█	r	█	█	█	r
m	o	v	i	l	i	d	a	d	█	█
a	█	i	█	e	█	i	█	i	█	m
m	e	n	o	s	█	n	e	g	r	o
o	█	o	█	█	a	█	n	█	c
s	o	s	a	█	b	r	i	o	s	o

No. 18

n	a	l	g	a	s	█	a	r	p	a
u	█	u	█	p	█	█	u	█	t
l	i	c	o	r	█	c	i	t	a	r
o	█	e	█	e	█	r	█	a	█	a
█	█	s	o	n	r	e	í	s	t	e
o	█	█	█	d	█	y	█	█	█	r
c	a	l	l	e	j	e	r	o	█	█
é	█	a	█	r	█	n	█	s	█	e
a	y	u	d	é	█	t	o	t	a	l
n	█	d	█	█	e	█	r	█	f
o	b	o	e	█	e	s	c	a	s	o

Solutions

No. 19

b	a	y	a	■	s	i	l	b	a	r
u	■	e	■	t	■	r	■	a	■	e
c	o	s	t	r	a	■	o	n	z	a
l	■	o	■	o	■	a	■	d	■	l
e	n	■	a	c	e	c	h	a	r	■
s	■	i	■	e	■	e	■	s	■	s
■	a	g	r	a	v	i	o	■	d	e
a	■	n	■	r	■	t	■	h	■	ñ
t	í	o	s	■	s	a	l	a	d	o
e	■	t	■	f	■	r	■	g	■	r
o	l	o	r	e	s	■	g	a	s	a

No. 20

g	i	r	a	á	■	p	i	ñ	a
r	■	a	■	e	■	e	■	n	■	c
a	n	c	l	a	■	m	a	g	i	a
n	■	h	■	n	■	p	■	l	■	b
■	n	a	t	u	r	a	l	e	z	a
m	■	■	■	d	■	q	■	■	■	r
e	l	e	v	a	l	u	n	a	s	■
j	■	n	■	m	■	e	■	l	■	g
o	b	v	i	o	■	t	e	m	í	a
r	■	í	■	s	■	a	■	a	■	n
a	r	a	r	■	f	r	e	s	c	o

No. 21

b	u	l	o	■	b	e	b	i	d	o
o	■	e	■	a	■	l	■	r	■	l
c	h	a	r	l	ó	■	o	r	a	l
a	■	l	■	b	■	m	■	e	■	a
d	a	■	p	a	t	a	d	a	s	■
o	■	h	■	ñ	■	l	■	l	■	d
■	c	a	r	i	c	i	a	■	t	é
c	■	b	■	l	■	c	■	a	■	c
h	i	l	o	■	f	i	e	s	t	a
a	■	a	■	y	■	a	■	n	■	d
l	i	n	e	a	l	■	m	o	d	a

No. 22

b	r	a	z	o	s	■	p	a	p	a
u	■	b	■	l	■	i	■	c	■	p
c	r	e	í	a	■	n	i	e	t	o
o	■	j	■	d	■	s	■	r	■	y
■	m	a	j	e	s	t	u	o	s	o
a	■	■	■	c	■	r	■	■	■	s
u	l	t	r	a	t	u	m	b	a	■
n	■	r	■	l	■	c	■	o	■	a
q	u	i	s	o	■	t	o	m	a	r
u	■	g	■	r	■	o	■	b	■	c
e	s	o	s	■	a	r	m	a	d	o

No. 23

c	e	b	o	■	e	n	i	g	m	a
u	■	ú	■	c	■	i	■	r	■	m
a	n	h	e	l	o	■	s	a	l	a
r	■	o	■	i	■	d	■	d	■	r
t	e	■	v	e	r	e	m	o	s	■
o	■	b	■	n	■	p	■	s	■	e
■	f	a	c	t	u	r	a	■	o	s
c	■	s	■	e	■	i	■	r	■	c
a	p	t	o	■	e	s	p	i	n	a
o	■	ó	■	s	■	a	■	ñ	■	p
s	e	n	t	í	s	■	c	a	y	ó

No. 24

r	i	f	a	■	b	a	l	a	d	a
á	■	e	■	s	■	s	■	d	■	t
p	r	o	p	i	n	a	■	v	i	a
i	■	■	■	m	■	■	■	e	■	r
d	ú	o	■	p	í	c	a	r	o	■
o	■	c	■	l	■	u	■	s	■	e
■	p	u	r	e	z	a	■	o	í	s
p	■	p	■	■	■	t	■	■	■	b
i	r	á	■	o	f	r	e	z	c	o
a	■	i	■	d	■	o	■	o	■	z
r	a	s	g	a	r	■	c	o	r	o

Solutions

No. 25

r	e	z	o	█	b	u	c	e	a	r
u	█	u	█	s	█	n	█	n	█	e
l	i	m	p	i	o	█	c	o	m	í
e	█	o	█	n	█	o	█	j	█	s
t	u	█	a	c	o	r	d	a	r	█
a	█	v	█	e	█	b	█	r	█	l
█	l	e	e	r	é	i	s	█	m	e
s	█	i	█	o	█	t	█	p	█	g
l	i	n	o	█	v	a	r	i	t	a
i	█	t	█	m	█	r	█	n	█	d
p	r	e	c	i	o	█	l	o	d	o

No. 26

j	o	y	a	█	p	e	r	f	i	l
o	█	a	█	f	█	n	█	á	█	i
d	e	c	o	r	a	r	█	b	u	s
i	█	█	█	e	█	e	█	r	█	o
d	e	m	o	c	r	a	c	i	a	█
o	█	i	█	u	█	l	█	c	█	c
█	n	e	c	e	s	i	t	a	d	o
p	█	d	█	n	█	d	█	█	█	r
i	d	o	█	c	h	a	r	l	a	r
l	█	s	█	i	█	d	█	í	█	e
a	g	o	t	a	r	█	f	o	c	o

No. 27

n	í	q	u	e	l	█	r	a	m	a
e	█	u	█	l	█	█	c	█	m	
n	i	e	v	e	█	r	i	t	m	o
e	█	s	█	c	█	e	█	o	█	r
█	█	o	b	t	u	v	i	s	t	e
a	█	█	█	o	█	e	█	█	█	s
s	o	m	b	r	e	r	o	s	█	█
a	█	i	█	a	█	e	█	i	█	b
l	e	t	a	l	█	n	e	g	r	o
t	█	a	█	█	█	d	█	u	█	b
o	n	d	a	█	p	o	r	e	s	o

No. 28

a	n	i	d	a	r	█	r	a	s	o
l	█	n	█	y	█	m	█	c	█	p
c	e	s	o	█	h	i	e	r	r	o
e	█	u	█	n	█	l	█	e	█	n
█	e	m	p	u	j	a	r	█	s	e
e	█	o	█	c	█	g	█	f	█	r
s	u	█	a	l	e	r	t	a	r	█
c	█	d	█	e	█	o	█	r	█	t
a	y	u	d	a	n	█	v	o	t	o
l	█	d	█	r	█	y	█	l	█	c
a	m	é	n	█	s	o	l	a	p	a

No. 29

c	e	b	a	d	a	█	p	a	g	a
e	█	a	█	a	█	e	█	r	█	u
j	u	g	a	r	█	s	e	n	i	l
a	█	r	█	s	█	p	█	é	█	l
█	r	e	f	e	r	i	r	s	e	a
a	█	█	█	p	█	r	█	█	█	r
d	i	v	e	r	t	i	r	s	e	█
u	█	a	█	i	█	t	█	a	█	a
a	l	i	a	s	█	u	s	u	a	l
n	█	n	█	a	█	a	█	c	█	b
a	s	a	r	█	a	l	m	e	j	a

No. 30

e	s	c	o	j	o	█	g	a	n	o
r	█	ó	█	u	█	█	u	█	l	
r	i	m	a	r	█	p	o	l	l	o
e	█	i	█	a	█	r	█	a	█	r
█	█	c	a	m	b	i	a	s	t	e
g	█	█	█	e	█	m	█	█	█	s
r	e	t	e	n	í	a	i	s	█	█
u	█	a	█	t	█	v	█	u	█	u
p	o	l	v	o	█	e	s	t	o	s
o	█	ó	█	█	█	r	█	i	█	a
s	e	n	o	█	b	a	i	l	a	r

Solutions

No. 31

g	u	í	a	⬛	v	e	j	i	g	a
o	⬛	t	⬛	i	⬛	l	⬛	r	⬛	r
t	i	e	r	n	o	⬛	a	r	p	a
e	⬛	m	⬛	f	⬛	m	⬛	e	⬛	r
a	s	⬛	o	l	v	i	d	a	s	⬛
r	⬛	t	⬛	u	⬛	s	⬛	l	⬛	h
⬛	l	í	m	i	t	e	s	⬛	f	e
l	⬛	t	⬛	r	⬛	r	⬛	l	⬛	l
a	z	u	l	⬛	t	i	r	a	b	a
ú	⬛	l	⬛	y	⬛	a	⬛	n	⬛	d
d	r	o	g	a	r	⬛	h	a	b	a

No. 32

l	o	g	r	o	s	⬛	b	a	b	a
a	⬛	i	⬛	l	⬛	a	⬛	m	⬛	s
t	a	r	t	a	⬛	l	l	a	g	a
a	⬛	a	⬛	d	⬛	i	⬛	b	⬛	d
⬛	i	n	t	e	r	e	s	a	d	o
a	⬛	⬛	⬛	c	⬛	n	⬛	⬛	⬛	r
d	e	s	b	a	r	a	t	a	r	⬛
o	⬛	e	⬛	l	⬛	c	⬛	r	⬛	r
r	o	c	í	o	⬛	i	c	o	n	o
a	⬛	t	⬛	r	⬛	ó	⬛	m	⬛	b
r	e	a	l	⬛	e	n	s	a	y	o

No. 33

p	o	s	a	d	a	⬛	t	u	f	o
o	⬛	o	⬛	e	⬛	⬛	⬛	n	⬛	p
s	a	b	o	r	⬛	p	e	i	n	e
e	⬛	r	⬛	e	⬛	e	⬛	ó	⬛	r
⬛	⬛	e	s	p	e	r	a	n	z	a
a	⬛	⬛	⬛	e	⬛	s	⬛	⬛	⬛	r
p	o	t	e	n	c	i	a	l	⬛	⬛
a	⬛	i	⬛	t	⬛	s	⬛	i	⬛	u
t	o	r	r	e	⬛	t	i	m	ó	n
í	⬛	ó	⬛	⬛	⬛	i	⬛	ó	⬛	i
a	s	n	o	⬛	f	r	e	n	a	r

No. 34

f	l	a	p	⬛	t	o	a	l	l	a
r	⬛	m	⬛	a	⬛	í	⬛	l	⬛	t
a	v	a	n	c	e	⬛	p	a	p	a
u	⬛	r	⬛	c	⬛	s	⬛	m	⬛	r
d	a	⬛	r	e	g	u	l	a	r	⬛
e	⬛	f	⬛	d	⬛	m	⬛	n	⬛	c
⬛	a	l	t	e	r	a	r	⬛	n	o
c	⬛	e	⬛	r	⬛	r	⬛	m	⬛	l
a	r	c	o	⬛	j	i	n	e	t	e
z	⬛	h	⬛	i	⬛	o	⬛	t	⬛	g
a	g	a	r	r	e	⬛	b	a	l	a

No. 35

p	l	a	z	o	s	⬛	j	i	r	a
a	⬛	m	⬛	s	⬛	q	⬛	d	⬛	n
s	a	p	o	⬛	q	u	i	e	r	e
é	⬛	l	⬛	a	⬛	í	⬛	a	⬛	x
⬛	d	i	p	l	o	m	a	⬛	v	a
p	⬛	o	⬛	a	⬛	i	⬛	s	⬛	r
e	n	⬛	t	r	e	c	h	o	s	⬛
a	⬛	t	⬛	i	⬛	o	⬛	c	⬛	h
t	i	e	n	d	a	⬛	h	i	g	o
ó	⬛	l	⬛	o	⬛	t	⬛	a	⬛	l
n	u	e	z	⬛	h	u	e	l	g	a

No. 36

t	r	o	t	a	r	⬛	t	i	r	a
a	⬛	b	⬛	j	⬛	p	⬛	d	⬛	g
b	i	s	⬛	o	m	i	n	o	s	o
ú	⬛	c	⬛	⬛	⬛	j	⬛	⬛	⬛	n
⬛	n	u	t	r	i	a	⬛	l	e	í
c	⬛	r	⬛	e	⬛	m	⬛	o	⬛	a
r	i	o	⬛	p	l	a	n	t	a	⬛
e	⬛	⬛	⬛	o	⬛	⬛	⬛	e	⬛	⬛
c	o	m	i	s	t	e	⬛	r	o	n
e	⬛	u	⬛	o	⬛	c	⬛	í	⬛	z
r	a	y	a	⬛	f	o	g	a	t	a

Solutions

No. 37

d	i	f	u	s	o	■	o	l	l	a
i	■	l	■	i	■	g	■	e	■	b
o	r	a	l	■	g	u	s	a	n	o
s	■	s	■	a	■	a	■	l	■	l
■	c	e	r	r	a	r	á	■	n	i
e	■	o	■	q	■	d	■	a	■	r
s	í	■	h	u	m	i	l	d	e	■
t	■	p	■	e	■	a	■	u	■	o
a	ñ	o	r	a	r	■	p	l	a	n
f	■	t	■	r	■	c	■	a	■	d
a	s	e	o	■	s	u	f	r	í	a

No. 38

b	i	e	n	■	p	l	e	g	a	r
o	■	j	■	■	í	■	a	■	a	
l	l	e	v	a	d	o	■	t	o	s
s	■	■	■	c	■	■	■	i	■	o
a	m	a	■	t	ú	n	e	l	■	■
s	■	v	■	ú	■	i	■	l	■	p
■	■	a	z	o	t	e	■	o	d	a
c	■	n	■	■	t	■	■	■	t	
h	a	z	■	a	c	a	m	p	a	r
e	■	a	■	s	■	■	í	■	i	
f	o	r	m	a	s	■	l	o	n	a

No. 39

p	i	r	a	■	m	a	r	c	h	a
a	■	o	■	■	m	■	e	■	s	
l	i	b	r	o	■	b	a	r	b	a
o	■	a	■	c	■	i	■	c	■	r
m	e	r	c	a	n	c	í	a	■	■
a	■	■	■	s	■	i	■	■	a	
■	■	e	d	i	t	o	r	i	a	l
o	■	n	■	o	■	s	■	d	■	e
b	o	t	í	n	■	o	j	e	a	r
r	■	r	■	a	■	■	a	■	t	
a	m	a	b	l	e	■	a	l	b	a

No. 40

c	o	r	t	e	s	■	a	t	ú	n
u	■	e	■	s	■	a	■	a	■	o
c	o	ñ	a	c	■	c	o	l	o	r
o	■	i	■	r	■	e	■	a	■	m
■	a	r	t	i	l	l	e	r	í	a
a	■	■	b	■	e	■	■	■	l	
c	r	u	c	i	g	r	a	m	a	■
o	■	n	■	m	■	a	■	o	■	t
r	u	i	d	o	■	d	o	r	m	í
d	■	d	■	s	■	o	■	d	■	a
e	s	o	s	■	c	r	e	í	a	s

No. 41

b	o	n	d	a	d	■	c	a	o	s
i	■	u	■	f	■	a	■	l	■	o
c	h	e	l	o	■	p	o	d	a	r
i	■	v	■	r	■	a	■	e	■	b
■	p	e	r	t	u	r	b	a	d	o
r	■	■	■	u	■	i	■	■	■	s
e	s	c	o	n	d	e	r	á	n	■
s	■	h	■	a	■	n	■	m	■	g
a	t	a	ú	d	■	c	a	b	e	r
c	■	p	■	o	■	i	■	a	■	a
a	r	a	r	■	c	a	e	r	á	n

No. 42

b	o	b	o	■	f	u	e	g	o	s
a	■	u	■	m	■	n	■	a	■	a
b	r	e	z	a	r	■	ú	t	i	l
o	■	y	■	l	■	r	■	e	■	a
s	e	■	t	i	r	a	b	a	s	■
a	■	q	■	g	■	r	■	r	■	c
■	c	u	e	n	t	a	n	■	f	e
b	■	i	■	o	■	v	■	p	■	b
u	r	n	a	■	t	e	n	i	d	a
j	■	c	■	v	■	z	■	ñ	■	d
e	l	e	g	i	r	■	h	a	d	a

No. 43

r	e	z	a	■	a	m	a	r	o	n
u	■	u	■	a	■	e	■	á	■	e
l	í	m	i	t	e	■	a	f	á	n
e	■	o	■	u	■	c	■	a	■	e
t	é	■	l	e	c	h	u	g	a	■
a	■	t	■	n	■	i	■	a	■	e
■	m	i	e	d	o	s	o	■	a	s
a	■	g	■	o	■	p	■	c	■	c
c	e	r	a	■	p	a	l	e	t	a
r	■	e	■	a	■	s	■	j	■	s
e	n	s	a	y	o	■	p	a	l	o

No. 44

c	o	m	p	r	o	■	m	i	g	a
i	■	i	■	e	■	■	■	s	■	t
t	e	s	i	s	■	s	o	l	a	r
a	■	m	■	e	■	e	■	a	■	a
■	■	o	f	r	e	c	i	s	t	e
a	■	■	■	v	■	u	■	■	■	r
f	r	e	g	a	d	e	r	o	■	■
e	■	n	■	d	■	n	■	c	■	v
c	i	c	l	o	■	c	a	u	s	a
t	■	í	■	■	■	i	■	p	■	d
o	í	a	s	■	g	a	n	a	d	o

No. 45

e	s	p	e	j	o	■	l	a	g	o
l	■	a	■	u	■	e	■	n	■	p
f	e	l	i	z	■	v	i	c	i	o
o	■	m	■	g	■	i	■	h	■	n
■	c	a	t	á	s	t	r	o	f	e
u	■	■	■	b	■	a	■	■	■	r
b	a	n	c	a	r	r	o	t	a	■
i	■	o	■	m	■	e	■	e	■	l
c	e	r	d	o	■	m	e	n	t	a
a	■	m	■	s	■	o	■	í	■	z
r	e	a	l	■	e	s	t	a	ñ	o

No. 46

h	i	g	o	■	s	e	g	u	í	s
o	■	a	■	a	■	n	■	r	■	o
s	ó	n	i	c	o	■	d	a	i	s
t	■	o	■	c	■	m	■	n	■	a
i	r	■	r	e	v	i	v	i	r	■
l	■	l	■	d	■	l	■	o	■	c
■	p	a	r	e	d	e	s	■	t	u
g	■	n	■	r	■	n	■	a	■	e
o	n	z	a	■	r	i	e	r	o	n
l	■	a	■	e	■	o	■	p	■	t
f	a	r	o	l	a	■	l	a	t	a

No. 47

l	u	j	o	s	o	■	g	r	ú	a
e	■	u	■	i	■	■	e	■	p	■
g	i	r	a	n	■	s	i	g	n	o
o	■	a	■	i	■	o	■	l	■	y
■	■	r	e	e	m	p	l	a	z	o
o	■	■	■	s	■	o	■	■	■	s
f	r	o	n	t	e	r	a	s	■	■
i	■	c	■	r	■	t	■	e	■	a
c	l	a	v	o	■	a	r	c	a	s
i	■	s	■	■	■	d	■	t	■	n
o	b	o	e	■	r	o	s	a	d	o

No. 48

i	r	s	e	■	c	o	r	t	a	r
n	■	a	■	a	■	s	■	e	■	a
m	a	n	a	d	a	■	v	a	l	s
u	■	o	■	i	■	j	■	t	■	o
n	i	■	a	c	t	u	a	r	é	■
e	■	u	■	i	■	b	■	o	■	v
■	i	n	m	ó	v	i	l	■	g	e
a	■	r	■	n	■	l	■	f	■	e
p	l	a	n	■	s	e	s	i	ó	n
t	■	t	■	d	■	o	■	e	■	■
o	l	o	r	e	s	■	a	l	c	e

Solutions

No. 49

p	e	n	d	e	r	■	c	o	m	e
i	■	u	■	j	■	■	d	■	■	n
l	e	e	■	e	x	t	r	a	ñ	o
a	■	s	■	■	■	i	■	■	■	j
■	■	t	o	m	a	r	■	a	m	a
f	■	r	■	e	■	ó	■	s	■	r
i	d	o	■	c	a	n	o	a	■	■
r	■	■	h	■	■	■	l	■	■	u
m	a	m	p	a	r	a	■	t	o	s
a	■	u	■	■	■	j	■	a	■	a
r	a	y	a	■	h	o	n	r	a	r

No. 50

c	u	c	o	■	l	a	n	z	a	s
o	■	a	■	■	m	■	o	■	■	e
c	o	l	a	r	■	b	a	r	ó	n
h	■	l	■	e	■	i	■	r	■	o
e	j	e	r	c	i	c	i	o	■	■
s	■	■	i	■	i	■	■	■	■	f
■	■	m	i	c	r	o	o	n	d	a
i	■	e	l	■	s	■	o	■	■	m
b	a	n	c	a	■	o	b	v	i	o
a	■	o	■	j	■	■	■	i	■	s
s	o	r	b	e	r	■	m	o	h	o

No. 51

v	e	r	a	n	o	■	p	e	ó	n
e	■	á	■	o	■	d	■	r	■	e
l	o	b	o	■	q	u	e	r	e	r
o	■	a	■	s	■	d	■	e	■	v
■	e	n	f	o	c	a	r	■	m	i
a	■	o	■	c	■	b	■	r	■	o
s	é	■	p	a	t	a	d	a	s	■
a	■	l	■	v	■	s	■	m	■	r
l	l	e	g	a	s	■	v	i	n	e
t	■	a	■	r	■	y	■	t	■	n
o	l	l	a	■	p	a	y	a	s	o

No. 52

p	a	r	é	■	m	a	s	a	j	e
e	■	i	■	■	p	■	n	■	■	s
s	u	f	r	o	■	r	a	s	g	o
c	■	a	■	b	■	e	■	i	■	s
a	e	r	o	l	í	n	e	a	■	■
r	■	■	i	■	d	■	■	■	■	c
■	■	m	a	g	n	í	f	i	c	o
t	■	o	■	a	■	a	■	m	■	r
e	s	n	o	b	■	s	ú	p	e	r
m	■	j	■	a	■	■	■	í	■	e
e	t	e	r	n	o	■	c	o	r	o

No. 53

l	i	m	o	■	s	u	e	l	t	o
e	■	e	■	g	■	n	■	l	■	r
s	o	n	d	a	r	■	d	a	g	a
i	■	ú	■	l	■	c	■	m	■	l
v	e	■	r	e	b	a	n	a	r	■
o	■	c	■	r	■	e	■	n	■	g
■	c	o	l	i	b	r	í	■	t	é
c	■	r	■	a	■	é	■	á	■	n
a	m	a	n	■	c	i	e	r	r	e
b	■	j	■	s	■	s	■	e	■	r
e	l	e	g	i	r	■	g	a	t	o

No. 54

f	i	a	b	l	e	■	l	e	ó	n
o	■	b	■	l	■	■	■	n	■	o
c	u	e	v	a	■	f	a	v	o	r
o	■	j	■	m	■	i	■	í	■	m
■	■	a	m	a	d	e	c	a	s	a
o	■	■	■	t	■	l	■	■	■	l
c	o	n	f	i	r	m	a	r	■	■
u	■	a	■	v	■	e	■	i	■	f
p	e	r	r	o	■	n	i	e	t	a
a	■	i	■	■	■	t	■	g	■	r
r	e	z	o	■	r	e	p	o	s	o

Solutions

No. 55

b	u	e	y	■	e	n	i	g	m	a
i	■	t	■	b	■	e	■	o	■	c
g	r	a	s	a	■	c	u	r	a	r
o	■	p	■	n	■	r	■	r	■	e
t	r	a	i	c	i	o	n	a	r	■
e	■	■	■	a	■	l	■	■	■	e
■	m	i	c	r	o	o	n	d	a	s
s	■	d	■	r	■	g	■	i	■	b
l	l	e	v	o	■	í	d	o	l	o
i	■	a	■	t	■	a	■	s	■	z
p	e	l	e	a	r	■	p	a	l	o

No. 56

l	o	z	a	■	r	i	e	r	o	n
o	■	u	■	a	■	r	■	i	■	e
g	e	m	i	d	o	■	a	t	ú	n
r	■	o	■	v	■	r	■	u	■	e
a	y	■	s	e	m	a	n	a	s	■
r	■	j	■	r	■	r	■	l	■	c
■	f	a	l	s	e	a	r	■	y	o
c	■	u	■	o	■	v	■	a	■	r
h	o	l	a	■	p	e	n	s	a	r
a	■	ó	■	t	■	z	■	m	■	e
l	e	n	g	u	a	■	b	a	b	a

No. 57

b	e	b	é	■	g	a	t	i	t	o
a	■	a	■	v	■	s	■	m	■	í
r	a	s	g	a	r	■	l	a	t	a
a	■	e	■	l	■	v	■	g	■	s
t	e	■	c	o	r	o	n	e	l	■
o	■	t	■	r	■	l	■	n	■	a
■	t	i	r	a	r	á	s	■	e	l
l	■	e	■	r	■	t	■	o	■	m
a	s	n	o	■	f	i	e	b	r	e
ú	■	d	■	d	■	l	■	o	■	j
d	i	a	r	i	o	■	c	e	j	a

No. 58

s	u	b	i	d	a	■	r	a	t	a
a	■	a	■	e	■	s	■	ñ	■	s
l	a	n	a	■	d	e	c	i	d	í
a	■	d	■	o	■	c	■	l	■	q
■	c	a	m	b	i	a	s	■	c	u
á	■	s	■	s	■	r	■	s	■	e
n	i	■	a	c	o	s	t	a	r	■
i	■	g	■	e	■	e	■	r	■	a
m	a	r	i	n	a	■	í	t	e	m
o	■	a	■	o	■	é	■	é	■	a
s	a	n	o	■	l	l	e	n	a	r

No. 59

o	n	z	a	■	n	a	l	g	a	s
f	■	o	■	■	j	■	a	■	e	■
e	n	o	j	a	d	o	■	t	i	c
r	■	■	c	■	■	i	■	a	■	■
t	o	s	■	t	ú	n	e	l	■	■
a	■	e	■	o	■	u	■	l	■	h
■	■	t	o	r	p	e	■	o	d	a
o	■	e	■	■	v	■	■	■	■	z
r	o	n	■	e	n	e	r	g	í	a
l	■	t	■	j	■	■	e	■	■	ñ
a	ñ	a	d	e	s	■	o	n	d	a

No. 60

h	a	r	é	i	s	■	t	a	p	a
a	■	a	■	g	■	e	■	é	■	s
d	i	c	e	n	■	f	o	r	m	a
a	■	h	■	o	■	i	■	e	■	d
■	c	a	p	r	i	c	h	o	s	o
p	■	■	■	a	■	i	■	■	■	r
e	n	c	e	n	d	e	d	o	r	■
r	■	e	■	c	■	n	■	d	■	l
c	u	r	s	i	■	c	r	i	a	r
h	■	r	■	a	■	i	■	a	■	á
a	m	é	n	■	m	a	r	r	ó	n

Solutions

No. 61

a	r	p	a	■	l	e	í	a	i	s
l	■	a	■	p	■	n	■	n	■	o
g	o	t	e	r	a	■	m	i	e	s
u	■	a	■	i	■	t	■	m	■	a
n	o	■	e	m	p	e	ñ	a	r	■
o	■	m	■	e	■	r	■	r	■	t
■	s	o	b	r	i	n	a	■	y	a
m	■	r	■	o	■	u	■	f	■	b
a	s	a	r	■	e	r	r	a	b	a
t	■	d	■	s	■	a	■	s	■	c
a	g	o	n	í	a	■	s	e	n	o

No. 62

e	x	c	e	s	o	■	f	o	s	a
l	■	e	■	o	■	■	a	■	p	
f	u	s	i	l	■	l	i	s	t	o
o	■	t	■	i	■	a	■	i	■	y
■	■	a	c	t	i	v	i	s	t	a
t	■	■	a	■	a	■	■	■	r	
e	s	p	e	r	a	m	o	s	■	■
m	■	u	■	i	■	a	■	o	■	r
p	o	l	l	o	■	n	o	r	m	a
l	■	p	■	■	o	■	b	■	m	
e	s	o	s	■	e	s	c	o	j	o

No. 63

g	a	t	o	■	s	u	f	r	i	r
u	■	o	■	l	■	n	■	i	■	e
a	c	c	i	ó	n	■	c	e	r	a
n	■	o	■	b	■	a	■	n	■	l
t	é	■	t	r	a	t	a	d	o	■
e	■	e	■	e	■	e	■	a	■	t
■	o	x	í	g	e	n	o	■	f	e
c	■	c	■	o	■	d	■	a	■	o
a	z	u	l	■	s	e	l	l	a	r
b	■	s	■	m	■	r	■	u	■	í
e	x	a	m	e	n	■	i	d	e	a

No. 64

c	e	s	a	■	l	l	a	m	a	r
a	■	u	■	a	■	l	■	a	■	a
l	í	d	e	r	■	e	s	t	o	s
c	■	a	■	r	■	g	■	a	■	o
a	g	r	i	e	t	a	r	s	e	■
r	■	■	m	■	s	■	■	■	c	
■	e	s	p	e	c	t	a	d	o	r
a	■	e	■	t	■	e	■	o	■	e
p	a	n	t	i	■	i	s	l	a	s
t	■	k	■	d	■	s	■	e	■	t
o	c	u	p	a	s	■	u	r	n	a

No. 65

r	o	b	o	■	t	r	o	m	p	a
i	■	o	■	u	■	e	■	a	■	r
v	i	m	o	s	■	c	e	r	c	a
a	■	b	■	u	■	r	■	z	■	r
l	l	a	m	a	r	e	m	o	s	■
o	■	■	■	l	■	a	■	■	■	o
■	p	r	o	m	e	t	í	a	i	s
a	■	o	■	e	■	i	■	c	■	t
m	a	t	ó	n	■	v	o	t	a	r
a	■	a	■	t	■	o	■	ú	■	a
s	o	r	b	e	r	■	v	a	l	s

No. 66

b	e	b	í	■	g	l	o	r	i	a
r	■	i	■	p	■	í	■	e	■	t
a	i	s	l	a	d	o	■	a	m	a
g	■	■	■	g	■	■	c	■	r	
a	s	a	■	á	m	b	i	t	o	■
s	■	f	■	i	■	a	■	o	■	h
■	d	i	o	s	e	s	■	r	e	í
o	■	r	■	■	■	u	■	■	■	g
b	u	m	■	h	o	r	m	i	g	a
r	■	a	■	a	■	a	■	d	■	d
a	b	r	a	z	o	■	c	o	r	o

Solutions

No. 67

m	u	e	r	d	o	■	a	f	á	n
u	■	n	■	é	■	a	■	i	■	e
d	a	d	o	■	a	y	u	n	a	r
o	■	o	■	c	■	u	■	o	■	v
■	e	s	c	o	n	d	o	■	m	i
a	■	o	■	l	■	a	■	g	■	o
t	u	■	c	o	r	d	e	r	o	■
r	■	v	■	c	■	o	■	i	■	j
a	m	i	g	a	s	■	c	e	b	o
e	■	v	■	r	■	s	■	t	■	y
r	a	í	z	■	h	e	l	a	d	a

No. 68

l	a	n	z	a	r	■	p	a	p	a
i	■	o	■	t	■	e	■	r	■	g
m	u	c	h	o	■	s	e	n	d	a
o	■	h	■	r	■	c	■	é	■	r
■	r	e	e	m	b	o	l	s	a	r
b	■	■	■	e	■	t	■	■	■	e
a	l	c	a	n	z	a	s	t	e	■
r	■	o	■	t	■	d	■	r	■	h
m	o	n	j	a	■	u	n	i	d	o
a	■	d	■	r	■	■	■	p	■	l
n	u	e	z	■	p	a	s	a	b	a

No. 69

m	o	r	a	■	r	e	c	a	d	o
u	■	e	■	s	■	l	■	f	■	r
c	o	c	h	e	s	■	t	i	z	a
h	■	é	■	ñ	■	c	■	n	■	l
o	s	■	p	a	l	o	m	a	s	■
s	■	p	■	l	■	n	■	r	■	r
■	d	e	f	e	c	t	o	■	g	e
o	■	s	■	s	■	á	■	c	■	b
c	u	c	o	■	m	i	n	u	t	o
i	■	a	■	s	■	s	■	b	■	t
o	i	r	é	i	s	■	b	a	s	e

No. 70

r	i	f	a	■	p	u	l	g	a	s
o	■	o	■	e	■	l	■	o	■	a
p	a	r	a	n	■	t	i	r	ó	n
e	■	m	■	c	■	r	■	d	■	o
r	e	a	n	u	d	a	r	o	n	■
o	■	■	■	b	■	t	■	■	■	b
■	a	g	r	i	c	u	l	t	o	r
í	■	e	■	e	■	m	■	r	■	i
t	o	m	a	r	■	b	r	a	z	o
e	■	i	■	t	■	a	■	g	■	s
m	á	r	m	o	l	■	c	o	n	o

No. 71

m	e	n	ú	■	s	e	g	u	í	s
ú	■	a	■	r	■	n	■	r	■	o
s	a	b	r	á	n	■	c	a	o	s
i	■	o	■	f	■	f	■	n	■	a
c	u	■	c	a	n	a	r	i	o	■
a	■	p	■	g	■	v	■	o	■	s
■	s	o	ñ	a	d	o	r	■	y	o
i	■	e	■	s	■	r	■	l	■	n
r	a	m	a	■	r	e	c	e	s	o
s	■	a	■	a	■	s	■	e	■	r
e	l	s	u	y	o	■	a	s	n	o

No. 72

a	s	a	r	■	m	a	n	a	d	a
ñ	■	m	■	a	■	s	■	n	■	s
a	t	a	q	u	e	■	n	e	n	e
d	■	r	■	s	■	a	■	x	■	o
i	r	■	h	e	m	b	r	a	s	■
r	■	s	■	n	■	r	■	r	■	o
■	m	o	s	t	r	a	r	■	é	l
á	■	n	■	e	■	z	■	t	■	e
g	i	r	a	■	m	a	d	e	r	a
i	■	í	■	v	■	r	■	m	■	d
l	l	o	r	a	r	■	p	e	g	a

Solutions

No. 73

f	r	a	n	c	o	■	a	l	b	a
i	■	l	■	h	■	■	■	l	■	p
l	l	e	n	o	■	a	c	o	s	o
a	■	t	■	c	■	m	■	r	■	y
■	■	a	s	o	m	b	r	o	s	o
a	■	■	■	l	■	i	■	■	■	s
s	u	s	t	a	n	c	i	a	■	■
a	■	a	■	t	■	i	■	m	■	a
l	i	b	r	e	■	o	d	i	a	r
t	■	i	■	■	s	■	g	■	■	c
o	b	o	e	■	r	o	c	o	s	o

No. 74

b	a	r	r	e	r	■	g	o	l	f
a	■	a	■	j	■	■	■	d	■	a
y	a	c	■	e	x	t	r	a	e	r
a	■	i	■	■	■	a	■	■	■	o
■	■	s	u	t	i	l	■	v	i	l
v	■	m	■	a	■	a	■	o	■	a
e	c	o	■	r	u	r	a	l	■	■
n	■	■	■	t	■	■	■	á	■	e
c	o	r	b	a	t	a	■	t	o	s
e	■	o	■	■	■	j	■	i	■	■
r	e	n	o	■	p	o	l	l	o	s

No. 75

j	o	d	i	d	o	■	z	u	m	o
i	■	o	■	e	■	m	■	n	■	p
r	a	s	o	■	n	a	c	i	d	o
a	■	i	■	h	■	l	■	r	■	n
■	d	e	s	e	a	d	o	■	v	e
a	■	r	■	r	■	i	■	m	■	r
t	é	■	s	e	n	t	í	a	n	■
a	■	a	■	j	■	o	■	t	■	b
v	o	l	v	í	a	■	g	a	t	o
í	■	u	■	a	■	y	■	b	■	b
o	n	d	a	■	t	a	m	a	ñ	o

No. 76

d	i	l	e	m	a	■	r	e	í	s
u	■	e	■	u	■	■	■	n	■	o
d	a	t	o	s	■	m	e	c	e	r
o	■	r	■	i	■	o	■	í	■	b
■	■	a	l	c	o	s	t	a	d	o
a	■	■	■	a	■	t	■	■	■	s
c	h	a	r	l	a	r	o	n	■	■
c	■	l	■	e	■	a	■	a	■	f
e	s	t	o	s	■	r	i	t	m	o
s	■	a	■	■	■	á	■	a	■	r
o	b	r	a	■	a	n	i	l	l	o

No. 77

t	o	c	a	■	j	u	e	c	e	s
a	■	e	■	a	■	n	■	a	■	e
p	a	r	e	c	í	■	i	m	á	n
e	■	a	■	a	■	r	■	b	■	o
t	u	■	i	m	p	e	d	i	r	■
e	■	m	■	p	■	b	■	a	■	f
■	t	o	c	a	d	o	r	■	m	i
a	■	j	■	r	■	t	■	a	■	a
p	i	a	r	■	c	a	r	t	ó	n
t	■	d	■	m	■	r	■	e	■	z
o	l	o	r	e	s	■	g	o	t	a

No. 78

p	i	c	o	■	m	a	l	e	t	a
í	■	a	■	d	■	p	■	n	■	c
c	o	s	t	o	■	l	a	v	a	r
a	■	o	■	b	■	i	■	i	■	e
r	e	s	o	l	u	c	i	ó	n	■
o	■	■	■	a	■	a	■	■	■	e
■	c	o	n	d	u	c	i	r	á	s
c	■	í	■	i	■	i	■	u	■	b
h	á	b	i	l	■	ó	x	i	d	o
e	■	l	■	l	■	n	■	n	■	z
f	u	e	g	o	s	■	f	a	r	o

Solutions

No. 79

g	r	a	n	■	t	r	e	g	u	a
a	■	p	■	m	■	e	■	e	■	r
r	i	e	g	o	■	a	n	s	i	a
r	■	g	■	t	■	p	■	t	■	r
a	c	o	m	o	d	a	d	o	r	■
s	■	■	■	s	■	r	■	■	■	o
■	r	e	s	i	d	e	n	t	e	s
a	■	r	■	e	■	c	■	a	■	t
m	i	r	a	r	■	e	r	r	a	r
a	■	o	■	r	■	r	■	e	■	a
n	o	r	m	a	l	■	v	a	l	s

No. 80

b	a	b	e	a	r	■	c	o	m	e
ú	■	o	■	p	■	m	■	a	■	l
h	o	r	c	a	■	o	í	s	t	e
o	■	d	■	r	■	t	■	i	■	v
■	r	e	f	e	r	i	r	s	e	a
o	■	■	■	c	■	v	■	■	■	r
f	a	s	c	i	n	a	n	t	e	■
e	■	e	■	m	■	c	■	i	■	s
r	e	c	t	o	■	i	n	g	l	e
t	■	t	■	s	■	ó	■	r	■	t
a	t	a	r	■	a	n	h	e	l	o

No. 81

o	n	d	e	a	r	■	c	a	ñ	a
r	■	e	■	m	■	■	■	u	■	d
a	y	u	d	o	■	f	a	l	s	o
l	■	d	■	n	■	a	■	a	■	b
■	■	a	c	t	i	v	i	s	t	a
c	■	■	■	o	■	o	■	■	■	r
r	e	t	e	n	d	r	á	s	■	■
e	■	i	■	a	■	a	■	í	■	d
s	u	m	a	r	■	b	o	m	b	a
t	■	ó	■	■	■	l	■	i	■	i
a	s	n	o	■	s	e	l	l	o	s

No. 82

p	u	l	g	a	r	■	p	i	l	a
a	■	i	■	y	■	r	■	b	■	g
t	e	m	o	■	p	á	j	a	r	o
a	■	p	■	s	■	f	■	s	■	n
■	t	i	r	a	b	a	s	■	s	í
a	■	o	■	c	■	g	■	é	■	a
g	e	■	m	u	t	a	n	t	e	■
o	■	o	■	d	■	s	■	n	■	c
t	e	n	é	i	s	■	t	i	r	a
a	■	z	■	r	■	t	■	c	■	b
r	e	a	l	■	r	e	m	o	t	o

No. 83

c	i	e	r	r	e	■	s	l	i	p
i	■	n	■	o	■	■	■	a	■	l
m	a	t	ó	n	■	c	o	r	v	a
a	■	r	■	q	■	o	■	v	■	z
■	■	a	z	u	l	c	l	a	r	o
a	■	■	■	i	■	h	■	■	■	s
c	o	m	a	d	r	e	j	a	■	■
a	■	e	■	o	■	c	■	b	■	e
b	o	l	o	s	■	i	d	e	a	l
a	■	ó	■	■	■	t	■	j	■	f
s	a	n	o	■	d	o	r	a	d	o

No. 84

a	p	i	l	a	r	■	d	a	g	a
r	■	m	■	s	■	a	■	r	■	u
c	l	a	n	■	o	c	u	p	a	n
a	■	g	■	c	■	l	■	a	■	q
■	d	e	s	a	t	a	r	■	s	u
v	■	n	■	s	■	m	■	c	■	e
e	l	■	a	t	r	a	p	a	r	■
n	■	n	■	i	■	r	■	n	■	m
c	h	u	n	g	o	■	a	s	m	a
e	■	e	■	o	■	i	■	ó	■	z
r	e	z	o	■	f	r	a	n	c	o

Solutions

No. 85

j	o	y	a	■	l	e	í	m	o	s
u	■	a	■	■	■	c	■	a	■	e
e	s	c	r	i	t	o	■	t	i	c
g	■	■	■	m	■	■	■	r	■	a
a	j	o	■	p	i	n	t	a	■	■
s	■	b	■	í	■	u	■	c	■	p
■	■	t	r	o	t	e	■	a	m	a
á	■	e	■	■	v	■	■	■	■	t
g	e	n	■	e	n	e	m	i	g	o
i	■	g	■	j	■	■	■	d	■	s
l	l	o	v	e	r	■	c	o	r	o

No. 86

o	f	r	e	c	í	■	r	í	e	s
l	■	í	■	u	■	p	■	t	■	i
l	e	g	o	■	f	i	d	e	o	s
a	■	i	■	c	■	l	■	m	■	e
■	a	d	u	l	t	o	s	■	y	a
e	■	o	■	i	■	t	■	o	■	r
v	i	■	c	e	b	o	l	l	a	■
a	■	a	■	n	■	s	■	v	■	m
d	e	l	i	t	o	■	p	i	s	o
i	■	u	■	e	■	e	■	d	■	t
r	u	d	o	■	i	n	f	a	m	e

No. 87

l	ú	c	i	d	o	■	l	a	t	a
e	■	r	■	e	■	c	■	r	■	ñ
a	q	u	í	■	m	a	r	c	h	a
l	■	c	■	a	■	l	■	o	■	d
■	r	e	c	l	a	m	o	■	s	e
e	■	s	■	t	■	a	■	s	■	s
s	é	■	v	e	n	d	r	á	s	■
c	■	a	■	r	■	o	■	t	■	f
a	i	s	l	a	r	■	g	i	r	o
m	■	t	■	r	■	y	■	r	■	s
a	s	a	r	■	f	o	g	a	t	a

No. 88

b	e	b	í	■	d	e	s	d	é	n
o	■	r	■	■	■	n	■	e	■	u
c	r	e	í	a	■	f	i	n	a	l
a	■	ñ	■	g	■	e	■	s	■	o
d	e	a	c	u	e	r	d	o	■	■
o	■	■	■	a	■	m	■	■	■	e
■	■	t	o	n	t	e	r	í	a	s
c	■	r	■	t	■	r	■	d	■	p
e	t	a	p	a	■	a	z	o	t	e
j	■	g	■	b	■	■	■	l	■	r
a	ñ	o	r	a	r	■	h	o	l	a

No. 89

g	u	a	o	■	p	l	a	c	e	r
e	■	c	■	e	■	i	■	i	■	e
m	a	t	a	s	■	b	o	t	í	n
i	■	o	■	t	■	e	■	a	■	o
d	e	s	c	u	b	r	i	r	é	■
o	■	■	■	d	■	t	■	■	■	e
■	c	a	m	i	n	a	r	é	i	s
o	■	c	■	a	■	d	■	x	■	c
b	o	t	ó	n	■	e	v	i	t	o
r	■	ú	■	t	■	s	■	t	■	g
a	m	o	r	e	s	■	p	o	s	e

No. 90

t	e	s	o	r	o	■	t	a	p	a
e	■	e	■	e	■	■	■	m	■	t
l	a	n	z	a	■	s	a	b	e	r
a	■	d	■	g	■	e	■	o	■	a
■	■	a	t	r	a	v	é	s	d	e
g	■	■	■	u	■	e	■	■	■	r
r	e	c	u	p	e	r	a	r	■	■
a	■	o	■	a	■	i	■	o	■	u
d	u	d	a	r	■	d	o	t	e	s
a	■	o	■	■	■	a	■	a	■	a
s	o	s	a	■	a	d	o	r	a	r

Solutions

No. 91

p	a	r	o	■	c	u	e	c	h	a
e	■	a	■	e	■	n	■	l	■	s
s	e	m	a	n	a	■	o	í	a	n
a	■	a	■	f	■	a	■	m	■	o
d	é	■	c	o	m	p	r	a	r	■
o	■	z	■	c	■	r	■	x	■	p
■	d	u	d	a	r	o	n	■	n	i
a	■	r	■	r	■	b	■	i	■	e
f	o	c	o	■	b	a	r	r	e	r
á	■	i	■	m	■	r	■	s	■	n
n	e	r	v	i	o	■	p	e	g	a

No. 92

v	o	t	o	■	e	s	t	a	ñ	o
i	■	i	■	j	■	í	■	b	■	r
s	u	r	g	i	r	■	g	o	t	a
i	■	e	■	r	■	h	■	l	■	l
t	u	■	h	o	r	a	r	i	o	■
a	■	c	■	n	■	c	■	r	■	c
■	p	a	r	e	c	e	n	■	s	i
a	■	m	■	s	■	d	■	a	■	e
c	a	b	o	■	c	o	l	l	a	r
r	■	i	■	v	■	r	■	c	■	n
e	n	o	j	a	r	■	c	e	b	o

No. 93

t	o	c	á	i	s	■	c	e	r	a
i	■	h	■	n	■	■	n	■	u	
r	u	i	n	a	■	f	á	c	i	l
a	■	c	■	c	■	i	■	í	■	l
■	■	a	m	a	d	e	c	a	s	a
a	■	■	b	■	l	■	■	■	r	
f	a	n	t	a	s	m	a	s	■	■
u	■	o	■	d	■	e	■	e	■	c
e	n	v	í	o	■	n	e	g	r	a
r	■	i	■	■	t	■	a	■	o	
a	r	a	r	■	y	e	r	r	a	s

No. 94

m	a	r	i	d	o	■	a	m	a	n
a	■	u	■	i	■	■	e	■	o	
t	i	r	a	r	■	p	o	s	a	r
a	■	a	■	i	■	e	■	e	■	m
■	■	l	e	g	a	l	i	s	t	a
g	■	■	i	■	l	■	■	■	l	
r	e	p	ú	b	l	i	c	a	■	■
a	■	o	■	l	■	z	■	t	■	s
c	a	b	l	e	■	c	e	r	c	a
i	■	r	■	■	a	■	á	■	p	
a	t	e	o	■	f	r	e	s	c	o

No. 95

c	a	y	ó	■	f	u	s	i	ó	n
o	■	o	■	d	■	l	■	s	■	e
m	u	g	r	e	■	t	a	l	ó	n
í	■	u	■	t	■	r	■	a	■	e
a	g	r	i	e	t	a	r	s	e	■
s	■	■	■	r	■	t	■	■	■	b
■	e	n	r	i	q	u	e	c	e	r
a	■	o	■	o	■	m	■	a	■	i
l	u	c	i	r	■	b	o	l	l	o
b	■	h	■	a	■	a	■	l	■	s
a	l	e	g	r	e	■	c	e	l	o

No. 96

m	a	g	o	■	u	n	i	d	a	d
u	■	u	■	c	■	o	■	r	■	i
e	r	i	g	i	r	■	s	e	x	o
r	■	é	■	r	■	t	■	n	■	s
t	é	■	z	u	r	r	i	a	r	■
o	■	p	■	e	■	a	■	r	■	r
■	r	é	p	l	i	c	a	■	g	e
ú	■	s	■	a	■	t	■	i	■	z
t	í	a	s	■	p	o	n	d	r	á
i	■	m	■	y	■	r	■	e	■	i
l	l	e	v	a	s	■	v	a	l	s

Solutions

No. 97

s	u	p	o	█	s	i	e	n	e	s
o	█	i	█	s	█	r	█	a	█	e
p	a	r	t	i	r	█	b	l	o	c
l	█	a	█	e	█	p	█	g	█	a
a	y	█	a	m	p	l	i	a	r	█
r	█	t	█	p	█	á	█	s	█	e
█	c	a	r	r	e	t	e	█	o	s
j	█	r	█	e	█	a	█	c	█	b
o	c	i	o	█	i	n	s	u	m	o
y	█	f	█	v	█	o	█	n	█	z
a	ñ	a	d	i	ó	█	l	a	z	o

No. 98

c	h	a	m	p	i	█	t	r	í	o
h	█	c	█	í	█	█	o	█	█	f
a	j	o	█	o	r	d	e	n	a	r
l	█	r	█	█	o	█	█	█	█	e
█	█	d	i	r	á	s	█	t	i	c
a	█	e	█	e	█	i	█	r	█	e
b	i	s	█	h	a	s	t	a	█	█
r	█	█	é	█	█	█	s	█	█	c
a	l	f	i	n	a	l	█	e	c	o
z	█	e	█	█	█	e	█	r	█	r
o	b	o	e	█	r	e	m	o	t	o

No. 99

a	q	u	í	█	t	e	m	é	i	s
v	█	ñ	█	l	█	n	█	x	█	e
a	t	a	v	í	o	█	b	i	e	n
n	█	s	█	m	█	p	█	t	█	o
c	u	█	h	i	c	i	m	o	s	█
e	█	p	█	t	█	s	█	s	█	a
█	t	i	j	e	r	a	s	█	e	l
g	█	e	█	s	█	d	█	v	█	i
o	n	d	a	█	m	a	l	e	t	a
l	█	r	█	m	█	s	█	n	█	d
f	l	a	s	e	o	█	s	a	n	o

No. 100

b	e	b	é	i	s	█	u	r	n	a
a	█	a	█	d	█	█	█	í	█	d
b	u	s	█	o	b	s	c	e	n	o
a	█	t	█	█	a	█	█	█	█	r
█	█	i	d	e	a	l	█	a	m	a
a	█	ó	█	r	█	u	█	n	█	r
g	e	n	█	r	e	d	e	s	█	█
o	█	█	o	█	█	█	i	█	█	r
s	o	p	o	r	t	e	█	o	d	a
t	█	a	█	█	j	█	s	█	█	s
o	n	z	a	█	r	e	p	o	s	o

No. 101

c	o	m	a	█	a	d	o	b	a	r
a	█	i	█	a	█	é	█	r	█	e
l	ó	g	i	c	a	█	c	e	j	a
e	█	a	█	c	█	t	█	c	█	l
t	e	█	h	e	l	e	c	h	o	█
a	█	c	█	d	█	n	█	a	█	o
█	c	a	ñ	e	r	í	a	█	é	l
e	█	r	█	r	█	a	█	m	█	e
s	i	g	o	█	l	i	t	e	r	a
o	█	a	█	d	█	s	█	t	█	d
s	o	r	b	e	r	█	g	a	s	a

No. 102

o	b	j	e	t	o	█	c	a	r	o
l	█	u	█	r	█	a	█	g	█	í
l	i	s	t	o	█	c	e	r	d	a
a	█	t	█	m	█	u	█	i	█	m
█	s	o	s	p	e	c	h	o	s	o
p	█	█	e	█	h	█	█	█	█	s
e	x	p	a	t	r	i	a	d	o	█
n	█	o	█	e	█	l	█	o	█	e
s	a	l	v	a	█	l	e	g	a	l
a	█	e	█	r	█	a	█	m	█	f
r	e	n	o	█	a	r	m	a	d	o

Solutions

No. 103

c	i	m	a	■	g	u	s	t	o	s
ú	■	e	■	■	n	■	r	■	■	o
p	a	s	a	r	■	i	b	a	i	s
u	■	a	■	e	■	v	■	g	■	a
l	i	s	o	n	j	e	r	o	■	■
a	■	■	■	u	■	r	■	■	■	e
■	■	m	i	n	i	s	t	r	o	s
a	■	i	■	c	■	a	■	e	■	p
c	u	r	s	i	■	l	e	n	t	e
r	■	a	■	a	■	■	■	t	■	r
e	r	r	a	r	e	■	s	a	l	a

No. 104

p	u	n	t	a	s	■	h	a	b	a
i	■	i	■	t	■	■	■	l	■	n
c	r	e	a	r	■	l	l	e	g	o
o	■	t	■	a	■	a	■	t	■	t
■	■	a	l	c	a	n	z	a	b	a
u	■	■	■	t	■	z	■	■	■	r
m	a	r	g	i	n	a	d	o	■	■
b	■	i	■	v	■	b	■	s	■	a
r	a	s	g	o	■	a	c	t	o	r
a	■	a	■	■	■	i	■	r	■	c
l	i	s	o	■	e	s	c	a	s	o

No. 105

h	o	l	a	■	m	a	r	i	n	a
a	■	o	■	m	■	s	■	n	■	r
c	a	b	r	a	s	■	p	i	l	a
i	■	o	■	n	■	a	■	c	■	r
n	i	■	r	e	a	b	r	i	r	■
a	■	t	■	j	■	r	■	o	■	v
■	s	e	ñ	a	l	a	r	■	f	e
c	■	m	■	r	■	z	■	a	■	i
h	i	p	o	■	c	a	e	r	á	n
e	■	l	■	y	■	r	■	p	■	t
f	u	e	g	o	s	■	b	a	s	e

No. 106

h	i	l	o	■	v	i	o	l	í	n
y	■	a	■	■	■	n	■	u	■	e
b	o	t	í	n	■	a	r	g	á	n
r	■	ó	■	a	■	u	■	a	■	e
i	n	n	o	v	a	d	o	r	■	p
s	■	■	■	e	■	i	■	■	■	o
■	■	v	a	g	a	b	u	n	d	o
ú	■	e	■	a	■	l	■	o	■	e
t	i	r	a	n	■	e	s	t	o	s
i	■	s	■	t	■	■	■	a	■	í
l	l	o	v	e	r	■	g	r	ú	a

No. 107

a	s	n	o	■	j	u	e	g	a	s
m	■	u	■	c	■	n	■	r	■	l
p	u	l	g	a	s	■	t	a	x	i
l	■	o	■	r	■	a	■	c	■	p
i	r	■	i	n	f	l	u	i	r	■
o	■	c	■	a	■	b	■	a	■	m
■	p	e	r	d	í	a	n	■	n	o
i	■	n	■	a	■	ñ	■	a	■	r
r	u	t	a	■	v	i	r	t	u	d
s	■	r	■	y	■	l	■	ú	■	e
e	n	o	j	a	r	■	u	n	i	r

No. 108

p	i	n	z	a	s	■	p	a	p	a
e	■	u	■	y	■	s	■	t	■	ñ
g	o	t	a	■	p	e	r	e	z	a
a	■	r	■	m	■	n	■	o	■	d
■	g	i	r	a	s	t	e	■	v	e
a	■	a	■	t	■	í	■	c	■	s
t	é	■	p	a	r	a	r	á	s	■
r	■	r	■	d	■	s	■	m	■	j
a	m	a	m	o	s	■	p	a	r	o
e	■	í	■	r	■	o	■	r	■	y
r	e	z	ó	■	e	s	t	a	f	a

Solutions

No. 109

t	i	g	r	e	s		t	o	c	a
e		e		l		s		b		m
l	i	m	o		h	i	e	r	r	o
e		e		e		n		a		r
	l	l	a	m	a	d	a		g	e
t		o		p		u		i		s
e	n		m	e	n	d	i	g	o	
m		m		ñ		a		n		t
p	r	o	b	a	r		c	o	m	í
l		r		r		s		t		a
o	r	a	l		h	é	r	o	e	s

No. 110

l	o	g	r	o	s		b	a	l	a
e		r		d		q		s		p
a	m	a		a	y	u	d	a	d	o
l		n			i					y
	r	i	e	r	o	n		i	d	o
s		t		e		c		n		s
e	c	o		p	u	e	r	c	o	
n			i			u		u		m
t	e	m	i	s	t	e		l	í	o
i		u		a		j		t		c
r	a	y	a		r	e	p	o	s	o

No. 111

d	u	d	a	d	o		s	i	g	o
a		i		i		e		s		p
i	n	g	l	e		v	a	l	l	e
s		n		c		a		a		r
	s	o	c	i	a	l	i	s	t	a
l			s		u					r
e	x	p	l	i	c	a	r	á	n	
í		a		e		c		t		c
a	r	g	o	t		i	c	o	n	o
i		a		e		ó		m		r
s	a	n	o		e	n	d	o	s	o

No. 112

v	a	l	s		p	u	e	r	t	o
a		a			b		a		b
c	o	m	e	r		i	m	p	í	o
i		e		e		c		t		e
a	p	r	o	p	i	a	d	o		
r			e		c					b
		t	e	n	s	i	o	n	a	r
a		e		t		ó		o		i
p	a	n	t	i		n	i	v	e	l
t		u		n				i		l
o	y	e	r	o	n		g	a	t	o

No. 113

b	e	b	e		g	r	a	p	a	r
u		e			e		e		e
c	o	s	t	o		s	e	c	t	a
e		a		r		u		a		l
a	g	r	a	d	e	c	e	r		
r			i		i					b
	c	o	n	s	t	r	u	i	r
u		e		a		a		n		i
r	o	b	a	r		r	u	i	d	o
n		r		i				d		s
a	s	a	d	o	r		r	o	b	o

No. 114

g	u	a	r	d	ó		r	a	t	a
e		c		e		m		m		c
m	a	t	ó		m	a	ñ	a	n	a
a		ú		l		r		r		b
	r	a	c	i	s	t	a		v	a
p		s		b		i		p		s
é	l		p	r	e	n	s	a	r	
s		a		e		i		t		l
a	s	t	u	t	o		c	e	s	a
m		a		o		m		a		t
e	r	r	e		t	i	e	r	r	a

Solutions

No. 115

d	i	r	á	■	c	a	b	e	z	a
e	■	e	■	c	■	s	■	d	■	s
b	a	n	c	o	s	■	r	i	ñ	a
a	■	o	■	c	■	c	■	t	■	r
t	u	■	b	a	ñ	a	d	o	r	■
e	■	d	■	í	■	e	■	r	■	p
■	c	i	a	n	u	r	o	■	s	u
o	■	a	■	a	■	é	■	t	■	e
c	e	b	o	■	v	i	v	í	a	s
i	■	l	■	t	■	s	■	o	■	t
o	l	o	r	e	s	■	a	s	e	o

No. 116

s	i	t	i	a	r	■	l	a	n	a
a	■	i	■	m	■	■	r	■	■	l
p	o	n	g	o	■	d	u	c	h	a
o	■	t	■	n	■	e	■	a	■	b
■	■	a	u	t	o	p	i	s	t	a
a	■	■	■	o	■	r	■	■	■	r
g	a	n	a	n	c	i	a	s	■	■
a	■	e	■	a	■	m	■	u	■	o
r	u	g	i	r	■	i	d	e	a	l
r	■	r	■	■	■	d	■	r	■	l
e	s	o	s	■	c	o	r	o	n	a

No. 117

b	u	l	o	■	e	n	v	í	a	n
é	■	u	■	e	■	i	■	d	■	u
l	u	j	o	s	o	■	p	o	s	e
i	■	o	■	g	■	a	■	l	■	z
c	u	■	t	r	a	c	t	o	r	■
o	■	a	■	i	■	l	■	s	■	v
■	a	c	a	m	p	a	r	■	m	e
a	■	e	■	a	■	m	■	a	■	i
c	o	n	o	■	l	a	n	z	a	n
r	■	t	■	y	■	r	■	u	■	t
e	n	o	j	a	r	■	a	l	c	e

No. 118

l	o	d	o	■	g	u	i	a	r	á
í	■	e	■	e	■	n	■	l	■	r
m	e	j	o	r	a	■	v	i	n	e
i	■	o	■	r	■	v	■	s	■	a
t	é	■	s	o	f	o	c	a	r	■
e	■	t	■	r	■	l	■	r	■	t
■	c	r	e	e	r	á	s	■	n	o
a	■	o	■	s	■	t	■	b	■	a
m	o	t	e	■	f	i	l	i	a	l
a	■	a	■	v	■	l	■	e	■	l
s	u	r	g	i	r	■	o	n	d	a

No. 119

p	i	r	a	t	a	■	t	e	l	a
a	■	e	■	e	■	■	r	■	■	m
s	e	g	a	r	■	s	o	r	b	o
é	■	l	■	r	■	e	■	a	■	r
■	■	a	c	e	r	c	a	r	s	e
a	■	■	■	m	■	u	■	■	■	s
p	i	s	t	o	l	e	r	o	■	■
e	■	a	■	t	■	s	■	t	■	m
l	a	b	i	o	■	t	r	o	n	o
a	■	e	■	■	■	r	■	ñ	■	h
r	a	s	o	■	s	o	n	o	r	o

No. 120

b	a	n	d	a	s	■	c	a	r	o
e	■	ú	■	m	■	■	s	■	■	c
b	u	m	■	a	y	u	d	a	r	é
é	■	e	■	■	■	s	■	■	■	a
■	■	r	e	n	t	a	■	g	e	n
e	■	o	■	u	■	d	■	u	■	o
t	o	s	■	b	r	o	m	a	■	■
e	■	■	■	e	■	■	■	r	■	p
r	e	v	i	s	a	r	■	i	d	o
n	■	i	■	■	■	í	■	d	■	t
o	r	a	l	■	p	e	t	a	t	e

Solutions

No. 121

```
p  i  n  o  ■  j  a  r  d  í  n
o  ■  u  ■  z  ■  y  ■  i  ■  i
s  a  l  v  a  n  ■  l  a  ú  d
e  ■  o  ■  h  ■  v  ■  r  ■  o
e  n  ■  c  o  d  i  c  i  a  ■
r  ■  g  ■  n  ■  l  ■  o  ■  b
■  a  r  r  e  g  l  o  ■  s  i
a  ■  á  ■  s  ■  a  ■  e  ■  g
f  o  c  o  ■  a  n  i  l  l  o
á  ■  i  ■  d  ■  o  ■  f  ■  t
n  a  l  g  a  s  ■  d  o  t  e
```

No. 122

```
a  p  e  n  a  s  ■  í  t  e  m
r  ■  t  ■  b  ■  ■  ■  o  ■  o
p  l  a  c  a  ■  c  i  t  a  r
a  ■  p  ■  r  ■  o  ■  a  ■  d
■  ■  a  g  r  i  d  u  l  c  e
a  ■  ■  o  ■  i  ■  ■  ■  ■  r
p  r  a  c  t  i  c  a  r  ■  ■
o  ■  r  ■  a  ■  i  ■  u  ■  i
y  o  g  u  r  ■  o  d  i  a  r
o  ■  á  ■  ■  ■  s  ■  n  ■  s
s  a  n  o  ■  c  o  r  a  j  e
```

No. 123

```
l  e  y  ó  ■  c  a  m  i  s  a
a  ■  a  ■  ■  ■  j  ■  n  ■  r
b  a  c  a  l  a  o  ■  t  i  c
i  ■  ■  u  ■  ■  ■  e  ■  ■  o
o  d  a  ■  c  e  s  a  r  ■  ■
s  ■  u  ■  i  ■  u  ■  n  ■  e
■  ■  t  a  r  d  e  ■  o  í  s
o  ■  i  ■  ■  ñ  ■  ■  ■  ■  c
b  u  s  ■  p  r  o  m  e  s  a
r  ■  t  ■  í  ■  ■  ■  c  ■  l
a  s  a  d  o  r  ■  h  o  l  a
```

No. 124

```
c  l  a  n  ■  a  d  e  m  á  s
o  ■  s  ■  a  ■  e  ■  u  ■  e
c  o  m  e  r  á  ■  l  e  ó  n
h  ■  a  ■  m  ■  t  ■  l  ■  o
e  l  ■  c  a  m  e  l  l  o  ■
s  ■  p  ■  r  ■  n  ■  e  ■  f
■  d  e  c  i  d  í  s  ■  é  l
c  ■  r  ■  o  ■  a  ■  n  ■  a
h  a  d  a  ■  f  i  d  e  o  s
a  ■  ó  ■  v  ■  s  ■  n  ■  e
l  i  n  e  a  l  ■  c  e  ñ  o
```

No. 125

```
c  i  m  a  ■  b  i  s  t  e  c
í  ■  o  ■  ■  m  ■  e  ■  ■  u
v  i  v  í  a  ■  p  a  s  t  a
i  ■  e  ■  l  ■  u  ■  i  ■  c
c  a  r  a  m  e  l  o  s  ■  ■
o  ■  ■  ■  a  ■  s  ■  ■  ■  e
■  ■  f  a  c  c  i  o  n  e  s
o  ■  u  ■  e  ■  v  ■  o  ■  b
b  a  r  ó  n  ■  o  b  v  i  o
o  ■  ■  o  ■  a  ■  ■  i  ■  z
e  r  r  a  r  e  ■  m  a  g  o
```